LUKÁCS

UMA
INTRODUÇÃO

JOSÉ PAULO NETTO

LUKÁCS

UMA INTRODUÇÃO

© Boitempo, 2023

Direção-geral e edição Ivana Jinkings
Coordenação de produção Livia Campos
Assistência editorial Marcela Sayuri
Preparação Frank de Oliveira
Revisão Sílvia Balderama Nara
Capa Maikon Nery
Diagramação Antonio Kehl

Equipe de apoio Ana Slade, Davi Oliveira, Elaine Ramos, Frederico Indiani, Glaucia Britto, Higor Alves, Isabella Meucci, Isabella Teixeira, Ivam Oliveira, Kim Doria, Luciana Capelli, Marina Valeriano, Marissol Robles, Maurício Barbosa, Pedro Davoglio, Raí Alves, Renata Carnajal, Thais Rimkus, Tulio Candiotto, Victória Lobo, Victória Okubo

---

CIP-BRASIL. CATALOGAÇÃO NA PUBLICAÇÃO
SINDICATO NACIONAL DOS EDITORES DE LIVROS, RJ

N389L

    Netto, José Paulo, 1947-
        Lukács : uma introdução / José Paulo Netto. - 1. ed. - São Paulo : Boitempo, 2023.
        (Pontos de partida)

    Inclui bibliografia
    Inclui apêndice e cronologia
    ISBN 978-65-5717-313-8

        1. György Lukács, 1885-1971. 2. Ciências sociais. 3. Ciência política. I. Título. II. Série.

23-85993   CDD: 320.5
                                    CDU: 32

Meri Gleice Rodrigues de Souza - Bibliotecária - CRB-7/6439

Este livro compõe a trigésima quinta caixa do clube Armas da Crítica.

É vedada a reprodução de qualquer parte deste livro sem a expressa autorização da editora.

1ª edição: setembro de 2023

BOITEMPO
Jinkings Editores Associados Ltda.
Rua Pereira Leite, 373
05442-000 São Paulo SP
Tel.: (11) 3875-7250 / 3875-7285
editor@boitempoeditorial.com.br
boitempoeditorial.com.br | blogdaboitempo.com.br
facebook.com/boitempo | twitter.com/editoraboitempo
youtube.com/tvboitempo | instagram.com/Boitempo

Sumário

Nota a esta edição 9

1. O *caso* Lukács 11
2. A recusa do mundo burguês 15
3. A prova da política 29
4. Os tempos difíceis 47
5. O guerreiro sem repouso 67

Apêndice 83

Testemunhos e críticas 85

Breve cronologia de Lukács 91

Indicações bibliográficas 97

Obras de Lukács publicadas no Brasil 103

Sobre o autor 107

Ao Raul Mateos Castell, editor, e ao Frei Chico
(José Ferreira da Silva), operário,
meus amigos e camaradas
desde os velhos tempos do Partidão.

O jovem Lukács pouco depois de ter sua primeira grande obra – a *História da evolução do drama moderno* – publicada, em 1911.

Nota a esta edição

Uma primeira versão deste pequeno livro foi publicada em 1983, sob o título *Georg Lukács: o guerreiro sem repouso*[1], numa simpática coleção (Encanto Radical), criada por Caio Graco da Silva Prado (1913-1992) – para a sua Brasiliense – e que lamentavelmente não sobreviveu por muito tempo. Citadas por vários estudiosos, as poucas dezenas de páginas que o leitor tem em mãos acabaram virando raridade bibliográfica – como se verifica por anúncios que sebos veiculam atualmente na internet. O livrinho foi como que redescoberto por Ivana Jinkings, e é sob seu estímulo que volta agora ao mercado editorial – sem outra pretensão que a de aproximar, numa linguagem acessível, novos leitores ao notável pensador húngaro, cujas obras estão sendo editadas pela Boitempo, na coleção Biblioteca Lukács.

Corridas quatro décadas desde que foi publicado, era imprescindível uma significativa atualização do opúsculo. Vi-me, pois, no dever de revisar com cuidado o texto da primeira edição, ainda que mantendo no essencial os juízos de valor que então formulara (claro que, nesses quarenta anos, o prosseguimento dos meus estudos sobre Lukács decerto me levaria a escrever *outro* livro, esboçado aliás na

---

[1] Nos últimos vinte anos, consolidou-se – também no Brasil – a tendência a grafar diversamente o nome do filósofo: *György Lukács*.

apresentação que preparei para a edição da *Estética* do filósofo, que a Boitempo começa a publicar neste ano de 2023). Revisei até mesmo a dedicatória com que se abre o livrinho: estendi minha homenagem, antes restrita a meu amigo Raul Mateos Castell, a outro camarada também muito querido, o Frei Chico.

Espero que esta nova edição do texto de 1983, devidamente atualizada e de algum modo ampliada – mas preparada com igual rigor e seriedade –, seja útil ao leitor interessado em um primeiro contato com o grande pensador marxista do século XX.

José Paulo Netto
Recreio dos Bandeirantes,
junho de 2023

1
O *caso* Lukács

A obra de György Lukács (13/4/1885-4/6/1971), produzida ao longo de mais de seis décadas de um trabalho intelectual rigoroso e circunspecto, e mediante uma evolução filosófico-teórica e ideopolítica muito complexa, constitui um verdadeiro *caso* (outros até diriam: um *problema*) no interior do pensamento do século XX.

São várias as razões que respondem por esse fato. Em primeiro lugar, há que assinalar, além da extensão dessa obra (uma das mais substanciosas elaborações individuais do nosso tempo), sua diversidade e sua riqueza. Nela se questiona o complexo de indagações que fazem a perplexidade do homem contemporâneo no entrecruzamento da história e da cultura: a natureza e a função da arte; os modos de viver e de pensar instaurados na sociedade burguesa, a alienação e a manipulação das consciências; a estrutura da vida cotidiana; a transição socialista: o proletariado como sujeito revolucionário, sua consciência de classe e seu partido; e o repensamento da filosofia clássica, das formulações da Antiguidade ao mundo instaurado pela Revolução Francesa (filosofia basicamente erguida, segundo Lukács, por Aristóteles, Hegel e Marx) às vertentes do moderno neopositivismo. Em face de um universo temático de tamanha envergadura, confrontado sem nenhuma concessão aos preconceitos dos "especialistas" que compartimentalizam o conhecimento em "saberes" autônomos, compreende-se que a reflexão lukacsiana se estruture colocando problemas nem sempre inteiramente solucionados.

Uma segunda razão que confere à obra de Lukács seu caráter de *case* é a própria evolução teórico-filosófica e ideopolítica desse pensador. O desenvolvimento intelectual de Lukács não se realizou linearmente, mas com sinuosidades e rompimentos que, sem impedir a *continuidade* de algumas de suas preocupações básicas, modificaram substancialmente o *tratamento* dado a elas; como bem sustentou István Mészáros, o fio condutor que se registra no conjunto da obra de Lukács configura uma *continuidade dialética*. Mas os estudiosos divergem enormemente ao analisar o itinerário teórico-filosófico e ideológico de Lukács, e só existe unanimidade na constatação de que, ao fim da Primeira Guerra Mundial, ele aderiu ao marxismo. Quanto à sua evolução anterior e posterior, os juízos e as avaliações são conflitantes. E é sobretudo no que se refere ao Lukács marxista que as interpretações se chocam: não faltam os fáceis e pouco compatíveis rótulos de "direitista", "esquerdista", "ortodoxo", "dogmático" e "revisionista". E se muitos sustentam que, após um breve período de "marxismo criador", o filósofo enquadrou-se na escolástica stalinista, outros insistem em que o labor de Lukács, em maior ou menor medida, sempre se nutriu das mais legítimas inspirações de Marx.

Enfim, as próprias circunstâncias biográficas contribuem para problematizar a avaliação do trabalho de Lukács. De uma parte, há momentos significativos de sua vida nem sempre inteiramente conhecidos (por exemplo, sua prisão, em 1941, pela polícia política stalinista). De outra, o destino de alguns de seus textos não facilitou o adequado conhecimento deles (materiais do tempo da Primeira Guerra Mundial apenas se editaram postumamente; *História e consciência de classe*, publicado em 1923, só teve reedição autorizada em 1967; e ainda há páginas da lavra do filósofo até hoje inéditas).

Desde muito jovem relacionado a círculos intelectuais importantes do século XX, ele permaneceu sempre, de fato, um *outsider*, às vezes incompreendido, às vezes com seu pensamento intencionalmente deformado por não poucos detratores. "Incômodo até o fim" – na perfeita caracterização de Cesare Cases –, Lukács raramente recebeu de seus interlocutores e analistas um tratamento equilibrado; na verdade, o julgamento crítico reservou-lhe mais ataques e defesas emocionais que operações de análise.

Assim, como observou corretamente Peter Ludz, "contribuir para uma interpretação crítica da obra de Lukács é simultaneamente uma tarefa complicada e de extrema responsabilidade: não existe outro pensador marxista contemporâneo que tenha provocado tão apaixonados aplausos e repulsas no Ocidente e no Oriente [...] e são poucos os autores que, como ele, tenham influído durante tanto tempo sobre os intelectuais europeus"*.

Tudo isso faz com que a obra lukacsiana, *mesmo reconhecida como a mais ambiciosa arquitetura teórica do marxismo posterior a Lênin*, continue a se mostrar como uma esfinge para o leitor comum. Entretanto, aqui não se repete o dilema grego: "Decifra-me ou te devoro"; o desafio proposto pela obra lukacsiana é diverso – resume-se num "Decifra-me e compreenderás melhor teu mundo".

---

* Peter Ludz, *G. Lukács, Schriften zur Literatursoziologie* (Neuwied, Luchterhand, 1961). (N. E.)

Este livrinho que está nas mãos do leitor não pode pretender a solução conclusiva do *case* Lukács. Mas quer convidá-lo a penetrar numa das mais fascinantes aventuras intelectuais do século XX e, quem sabe, auxiliá-lo a procurar, por sua própria conta e risco, uma resposta[1].

---

[1] Todas as citações que se fazem, salvo aquelas com expressa indicação de autor ou da editora, são transcrições de textos de Lukács.

2
A recusa do mundo burguês

"Síntese da problemática da minha infância e da minha juventude: uma vida significativa no capitalismo, impossível; o combate para alcançá-la, tragédia [...]" – esse fragmento de um texto, que Lukács escreveu pouco antes de morrer, caracteriza adequadamente sua aventura intelectual *juvenil,* que se estende de sua estreia como crítico teatral, em 1902, aos finais da Primeira Guerra Mundial.

Filho de uma abastada família de judeus enobrecidos que habitava o Lipótváros, bairro histórico de Budapeste, Lukács muito precocemente desenvolveu uma firme atitude de recusa em face do modo de viver e de pensar instaurado pelo capitalismo. O estilo burguês de vida e pensamento – não se esqueça de que Budapeste reproduzia os costumes de Viena, capital do império austro-húngaro – que se oferecia a Lukács apresentava-se como um misto de sofisticação e mundanismo; era o clima da *Belle Époque* penetrando os poros da sociedade húngara. Precisamente essa *miséria húngara,* que poderia constituir o espaço para a fácil notoriedade do jovem Lukács, repugnou-o: seu ponto de partida afetivo e intelectual foi "uma recusa apaixonada da ordem existente na Hungria". Essa recusa do jovem Lukács, porém, não encontrou à época formas concretas pelas quais conduziria, mediante a via da intervenção política, à transformação das instituições sociais.

A oposição à ordem húngara não tinha respaldo na grande burguesia: parceira da aristocracia rural e da burguesia financeira austríacas, ela também se fusionava com a nobreza latifundiária magiar. A intelectualidade rebelde, portanto, deveria buscar outras bases de apoio. Não as localiza, no entanto, no movimento operário húngaro (em 1910, existiam no país pouco mais de 900 mil operários, metade dos quais concentrados em grandes fábricas); o proletariado húngaro, apesar de sua tradição de lutas, ainda não articulara uma vontade política organizada e autônoma: o Partido Social-Democrata era claramente reformista. Em seu interior, apenas o grupo liderado por Erwin Szabó (agitador político, divulgador de Marx, ideólogo que confundia o socialismo marxiano com o sindicalismo revolucionário de Georges Sorel) procurava alternativas revolucionárias. Quanto aos democratas não proletários, entre os quais pontificava Oszkár Jászi, estes partilhavam largamente dos vícios da política burguesa.

Os intelectuais contestadores, nessas condições, tendiam a se isolar em pequenos círculos, sem conseguir nenhuma incidência relevante na vida política. Alguns desses cenáculos seriam viveiros de futuros revolucionários, fundadores do Partido Comunista e participantes da Revolução Húngara de 1919 – como o *Círculo Galileu*, marcado pelas ideias de Szabó, e ao qual Lukács pertenceu enquanto estudante. Lukács, realmente, frequentou outros cenáculos, como a *Sociedade de Ciências Sociais*, dirigida pelo já citado Jászi; mas em nenhum deles encontrou ressonância e respostas para suas inquietações.

A recusa de Lukács em face da sociedade húngara é *radical*. Por isso, uma intervenção que não possuísse idêntico caráter de radicalidade parece-lhe desprezível. Ele defende uma postura que rompa com *qualquer* compromisso com a ordem burguesa e não vê no quadro húngaro nenhuma força social capaz de implementar efetivamente um projeto de transformação qualitativa da vida e da cultura. A intervenção política então possível seria insuficiente e, por consequência, ele permanece um marginal diante dos movimentos políticos da Hungria na primeira década do século.

Nessa Hungria enrijecida, palco de uma "aliança desigual entre os latifundiários feudais e o capitalismo em vias de desenvolvimento para a exploração comum dos operários e camponeses", Lukács reconhece ao mesmo tempo a necessidade e a impossibilidade da revolução. É por isso que ele se identifica plenamente com Endre Ady, o poeta que escrevera, logo após a Primeira Revolução Russa (1905): "O exemplo russo deve edificar-nos. As sociedades apodrecidas e impotentes só podem ser salvas pelo povo, pelo povo trabalhador, invencível e irresistível". A lírica de Ady comove Lukács por sua radicalidade, causa-lhe um "verdadeiro choque" – sobretudo porque, como confessou mais tarde, "a influência determinante de Ady residia justamente no fato de que jamais, nem por um só instante, ele se reconciliou com a realidade húngara [...]. Quando conheci Ady, essa irreconciliabilidade me seguiu em cada um dos meus pensamentos como uma sombra inevitável". Contudo, Ady é uma figura dramaticamente *solitária* na cena húngara: ele representa e fala a homens que sabem que "há necessidade de uma revolução, mas [que] é impossível ter esperanças inclusive na longínqua possibilidade de tentá-la".

Nos primeiros dez anos do século XX, Lukács é um desses homens dominados pelo sentimento de uma impotência desesperada. Mas porque radicais, ambos, impotência e desespero, não deságuam no conformismo. Lukács procura uma alternativa radical na *análise* das formas culturais.

18 / Lukács: uma introdução

Para tanto, inspira-se em duas matrizes intelectuais, extraídas da cultura alemã (que, sempre, constituirá a grande referência de seu universo mental) e ligadas entre si. De uma parte, a filosofia de Immanuel Kant, com seu criticismo rigoroso, avesso a qualquer impressionismo; Lukács se inspira nas exigências morais categóricas, no dualismo e no complexo de antinomias kantianas, com suas rígidas distinções. Doutra, a tradição sociológica inaugurada por Ferdinand Tönnies, o primeiro a formular a contraposição entre *comunidade* (a ordem social tradicional, controlada pelo costume e assentada nos vínculos pessoais) e *sociedade* (a ordem social embasada na economia capitalista, regida pela racionalidade do cálculo e funcionando impessoalmente). Essa tradição, que se fundava na epistemologia kantiana, forjará ainda a dicotomia entre *cultura* (valores éticos e estéticos) e *civilização* (progresso técnico-material). Sincronizado a essa tradição sociológica está um curioso, e muito influente até hoje, padrão de crítica ao capitalismo: condenam-se apaixonadamente seus aspectos mais deletérios, em especial na cultura e nos costumes, mas ele é aceito como uma realidade inexorável; suas facetas horríveis são assumidas com dolorosa resignação e só resta compará-lo às formas pré-capitalistas, nostalgicamente idealizadas como contraponto consolador. Trata-se, como se depreende, da crítica romântica à industrialização, à urbanização, à burocratização – ou seja, do *anticapitalismo romântico*, que marcará em profundidade a obra de Georg Simmel e, em certa medida, a de Max Weber.

Essas determinações enquadram a primeira grande obra de Lukács, a *História da evolução do drama moderno* – trabalho que revela a assombrosa capacidade intelectual desse jovem de 23 anos. O volumoso original, concluído em 1908, seria publicado em 1911: são centenas de páginas dedicadas à produção dramática, do século XIX ao dealbar do século XX, cobrindo o drama alemão clássico (Gotthold Ephraim Lessing, Friedrich Schiller, Johann Wolfgang von Goethe), Christian Hebbel, Henrik Ibsen, August Strindberg, Gerhart Hauptmann, Anton Tchékhov, Maurice Maeterlinck, Bernard Shaw, Oscar Wilde, Gabriele d'Annunzio e Hugo von Hofmannsthal.

Lukács quer, de fato, elaborar uma *teoria do drama moderno*. Quer responder às perguntas: existe um drama *moderno*? Se existe, qual é seu *estilo*? No entanto, afirma que essas interrogações, "como toda questão estética", são, "antes de tudo, uma questão sociológica". Mas já então Lukács se nega ao cômodo recurso do *sociologismo*, da redução da obra de arte às realidades exteriores a ela. Ressalta que "a ação das circunstâncias econômicas sobre a obra de arte é apenas indireta" e que é preciso ultrapassar "o defeito maior da crítica sociológica", que reside em "procurar e analisar os conteúdos das obras artísticas querendo estabelecer uma relação direta entre eles e determinadas condições econômicas". Sua análise não padece desse simplismo: o recurso à sociologia é apenas a necessária preliminar para a delimitação do fenômeno estético, que possui autonomia e que só é *social* pela *forma*: "o verdadeiramente social" da arte, e da literatura em particular, "é a forma".

O modelo sociológico de Lukács, a essa altura, é Georg Simmel, o Simmel da *Filosofia do dinheiro* (1900), obra exemplar do anticapitalismo romântico. O cientista social alemão, de quem Lukács seria aluno em Berlim (1910), conheceu o manuscrito e escreveu ao autor: "As primeiras páginas que li me são muito simpáticas *quanto ao método*". Simmel reconheceu-se bem no discípulo: as características centrais da crítica romântica ao capitalismo estavam inteiramente presentes no texto lukacsiano.

Justamente elas respondem por um aspecto da posição teórica de Lukács: ele já entrara em contato com Karl Marx e Friedrich Engels (lera *O Manifesto do Partido Comunista**, *O 18 de brumário de Luís Bonaparte***, *A origem da família, da propriedade privada e do Estado**** e estudara o primeiro livro de *O capital*****), mas sua recusa da ordem burguesa não se apoiava na teoria marxiana. Algumas passagens da obra revelam que o autor se defrontava com problemas tipicamente marxianos, como o da *alienação*: "A mútua relação entre o trabalho e o trabalhador se torna progressivamente mais lábil [...]. O trabalho adquire uma vida especial e objetiva frente à individualidade do homem concreto [...]. As relações entre os homens se tornam crescentemente impessoais". Todavia, a influência marxiana é mínima, como o próprio autor anotou tempos depois: "Como é costumeiro num intelectual burguês, limitei a influência de Marx à economia e, principalmente, à sociologia". Naquele momento, Lukács contemplava Marx através das lentes de Simmel; a crítica teórica ao capitalismo e suas contradições era subordinada à crítica romântica de suas consequências.

---

* Karl Marx e Friedrich Engels, *Manifesto Comunista* (trad. Álvaro Pina e Ivana Jinkings, São Paulo, Boitempo, 1998). (N. E.)

** Karl Marx, *O 18 de brumário de Luís Bonaparte* (trad. Nélio Schneider, São Paulo, Boitempo, 2011). (N. E.)

*** Friedrich Engels, *A origem da família, da propriedade privada e do Estado* (trad. Nélio Schneider, São Paulo, Boitempo, 2019). (N. E.)

****Karl Marx, *O capital: crítica da economia política*, Livro I: *O processo de produção do capital* (trad. Rubens Enderle, São Paulo, Boitempo, 2013). (N. E.)

Com efeito, Lukács não aborda a sociedade capitalista de um ponto de vista *histórico*. Ao contrário, ela é vista como a constituinte do "mundo moderno" que se opõe ao "mundo antigo" – toda a fundamentação sociológica lukacsiana se apoia nessa dicotomia, que prolonga a contraposição *comunidade/sociedade*. E a crítica aos traços *anestéticos* do modo de pensar burguês também assenta no desenvolvimento da matriz *cultura/civilização*. Por isso, corretas percepções sobre as manifestações espirituais da vida burguesa se diluem na moldura de uma teoria abstrata e de corte a-histórico. Mas há uma tese de Lukács que resiste a qualquer reserva: ele sustenta que o drama moderno (burguês) rompe com a estrutura do drama antigo (grego), porquanto nele "já não colidem apenas as paixões, mas as ideologias, as visões de mundo"; ele é o "drama do individualismo" e na sua articulação, inversamente ao que ocorria no drama antigo, as *classes sociais* desempenham um papel decisivo. Aliás, o interesse de Lukács pelo drama moderno já o levara a envolver-se diretamente com o teatro – ele foi um dos principais animadores do grupo *Thalia*, que encenou em Budapeste peças de dramaturgos modernos.

As premissas lukacsianas, na *História da evolução do drama moderno*, já o vimos, são as do anticapitalismo romântico. Entretanto, Lukács não é um simples tributário de Simmel: por uma parte, seu pensamento tem muito de *platonismo*; por outra, sua análise é menos abstrata que a de Simmel. Mas, principalmente, a recusa radical do mundo burguês que impulsionava a reflexão de Lukács não lhe permitia a resignação passiva que era própria dos anticapitalistas românticos. Ela o compelia a transitar para um pessimismo e uma desesperança desenhando uma *visão trágica do mundo* que, de acordo com Lucien Goldmann, antecipa muito do moderno existencialismo.

Essa visão trágica se cristaliza nos ensaios do livro *A alma e as formas*, publicado em 1910. São textos que se centram na crítica literária, abordando autores que, em sua maioria, representam o anticapitalismo romântico. No entanto, o enfoque de Lukács não é sociológico-estético, como na obra anterior, mas filosófico, ético-estético. E isso porque a literatura é quase um pretexto para Lukács tratar daquilo que lhe interessa: a relação entre a *Vida* (autêntica, regida por valores absolutos) e a *vida* (ordinária, empírica, degradada por compromissos).

Essas duas realidades anímicas podiam coincidir no mundo antigo (grego), mas não no mundo moderno (capitalista): aqui, a verdadeira vida, essencial, a vida absoluta da alma jamais se realiza nas formas da vida social concreta.

Como na *História da evolução do drama moderno*, o substrato do pensamento lukacsiano é a crítica romântica ao capitalismo: "O estilo burguês de vida é um trabalho forçado e uma escravidão odiosa [...]. A forma burguesa de vida devora a vida". Mas aquele substrato, agora mais metafísico que antes, é conduzido a seu extremo: para Lukács, no "mundo moderno", a vida individual – dilacerada pela incompatibilidade da alma com as formas possíveis da vida empírica – carece de significação e está condenada a jamais alcançá-la. Daí o caráter trágico da existência e o categórico imperativo para recusar os compromissos.

O pessimismo lukacsiano, recebendo influxos de Søren Kierkegaard, singulariza sua posição entre os anticapitalistas românticos: ele passa a abrir-se para uma alternativa *messiânica*. Em *A alma e as formas*, Lukács escreve: "Porque a natureza e o destino nunca estiveram tão espantosamente sem alma como em nossos dias [...] podemos esperar novamente uma tragédia". A atitude coerente, pois, não é a do conformismo passivo: o homem consciente da inautenticidade da vida empírica deve se preparar para esperar o milagre que solucionará a tragédia.

Como se vê, o pessimismo lukacsiano até ganha dimensões místico-religiosas e, por volta de 1911/1912, ele vai se interessar muito pelas místicas judaico-cristã e hindu. E a inserção de cores messiânicas no pessimismo desesperado de Lukács será dinamizada por dois fatos de ordem biográfica: a amizade com Ernst Bloch e o suicídio de Irma Seidler.

Em 1910, Lukács trava relações com Bloch, logo depois tornado célebre como o autor de *O espírito da utopia**, em que Lukács é apresentado como "o gênio absoluto da Moral". É Bloch quem o convence a se transferir para Heidelberg e o leva ao círculo de Max Weber. A colaboração intelectual entre Lukács e Bloch foi decisiva para ambos: por meio de Bloch, Lukács começou a estudar Georg Wilhelm Friedrich Hegel; e Bloch, por meio de Lukács, dirigiu suas atenções para Kierkegaard e Fiódor Dostoiévski. Nos anos 1920, a amizade profunda seria perturbada por diferenças ideológicas, mas o afeto e o respeito mútuo perduraram para sempre.

Quando se encontraram, Bloch era visto como um "judeu apocalíptico catolicizante". Seu pensamento estava marcado, segundo a esposa de Max Weber, "por esperanças escatológicas concernentes a um novo enviado de Deus". Até os inícios da Primeira Guerra, a escatologia de Bloch combinou-se à perfeição com o messianismo de Lukács

---

* Ernst Bloch, *O espírito da utopia* (trad. Neyde Thurler, Rio de Janeiro, Contraponto, 1985). (N. E.)

– tanto que, em Heidelberg, circulava a anedota, registrada por Mariane Weber, segundo a qual os quatro evangelistas eram Mateus, Marcos, Lukács e Bloch...

Também para aprofundar o misticismo do jovem Lukács contribuiu o trágico destino de Irma Seidler, com quem ele se envolvera em 1908 e a quem prosseguira vinculado. Irma, depois de um casamento fracassado, unira-se a Béla Balázs, teórico do cinema e amigo de Lukács; desfeita a ligação, ela se suicidou (1911). O filósofo, traumatizado, experimenta enorme depressão e chega a colocar-se a hipótese do suicídio. Na superação dessa crise emocional, escreve, quase imediatamente após a morte de Irma, o ensaio *Da pobreza de espírito*, em que vislumbra uma *salvação* para o homem que recusa a vida inautêntica: um *milagre da bondade*, "premissa [...] para escapar do mau infinito da vida". Pessimista, desesperado e confiando numa salvação de natureza messiânica – é assim que Lukács chega a Heidelberg, onde viverá entre 1912 e 1915 (é nessa época que se casa com uma exilada social-democrata russa, Ieliena Grabenko).

Heidelberg, importante centro universitário, aglutinou até a Primeira Guerra Mundial o que havia de mais significativo no pensamento alemão. Em torno de Max Weber, gravitava um punhado de estudiosos conhecidos ou que se tornariam famosos nos anos seguintes: Werner Sombart, Karl Jaspers, Emil Lask e um visitante célebre, que vinha de Berlim, Simmel. É nesse círculo que Lukács, já respeitado como crítico, ingressa pelas mãos de Bloch. E é aí que, pouco a pouco, o mundo mental de Lukács – em que a obra de Dostoiévski passa a ocupar um lugar destacado – sofrerá uma viragem sensível, com suas preocupações se encaminhando no rumo da história.

Dois estímulos mobilizam essa viragem: a eclosão da guerra e os estudos sobre Hegel. Deles resulta imediatamente um pensamento cheio de contradições e ambiguidades, bem distinto da visão trágica precedente: a realidade da guerra aprofunda o pessimismo de Lukács, mas a leitura de Hegel (ainda que enviesada por influxos kierkegaardianos) instaura para ele uma perspectiva de futuro. Surge-lhe uma *alternativa da esperança*, que ele vê prefigurada nas obras de Dostoiévski. O messianismo de Lukács começa a se dirigir, gradualmente, para as realidades terrenas. Mas esse é um processo lento, que só vai se definir à medida que a guerra avança e que aparecem suas consequências.

Nesse período, Lukács produz febrilmente. Escreve muito sobre filosofia da arte e estética (os manuscritos, preparados entre 1912 e 1918, só foram publicados postumamente). E durante o primeiro ano da guerra redige *A teoria do romance*, que deveria constituir "uma introdução à apresentação histórico-filosófica da obra poética de Dostoiévski".

O livro reflete com fidelidade o trânsito que o pensamento de Lukács realiza em Heidelberg, passando de Kant a Hegel. Entram em choque seus pressupostos a-históricos e suas exigências morais radicalmente humanistas e anti-burguesas, exacerbadas pelo barbarismo da guerra e com suas contradições acentuadas pelo conhecimento da dialética hegeliana. É o conflito, como diria Lukács mais tarde, entre uma "epistemologia de direita" e uma "ética de esquerda", que só seria solucionado nos anos 1920.

A teoria do romance, recebido entusiasticamente por Max Weber e Thomas Mann, parte da contraposição entre o mundo antigo (helênico) e o mundo moderno, definido, sob inspiração de Johann Gottlieb Fichte, como "a era da perfeita culpabilidade". Mas entra em jogo a categoria da *totalidade*, haurida em Hegel: o mundo moderno é aquele em que a heterogeneidade da vida (capitalista) estilhaça a totalidade própria das "civilizações fechadas" (a *cultura*). A expressão épica do mundo antigo era a *epopeia*, a do mundo moderno, o *romance*. "A epopeia configura uma totalidade de vida acabada em si mesma; o romance procura descobrir e construir a totalidade secreta da vida." No mundo em que a totalidade está dilacerada, surge o herói *individual*: ele busca, inutilmente, uma significação para a existência. Por isso, o romance é a épica do *herói problemático*.

Contra as sugestões de Bloch, Lukács atende ao recrutamento militar e regressa a Budapeste em 1915. Declarado incapaz para a frente de guerra, acaba prestando serviços na censura postal. O que não impede o prosseguimento de sua vida intelectual: junta-se a outros eruditos que formam o grupo "Os Aficionados do Espírito", e promove dominicalmente, entre 1915 e 1918, debates que não se interrompem com suas viagens à Alemanha e que dois participantes evocam assim: "Estas discussões dominicais eram geralmente organizadas e dominadas por Lukács. Ele punha uma questão em debate e o grupo a esmiuçava [...]. Em sentido vago, poder-se-ia dizer que o grupo era 'de esquerda' [...]. Havia um tom cerimonial, quase religioso, nesses encontros". Desse *círculo dominical* fizeram parte, entre outros, Arnold Hauser (historiador da arte), Karl Mannheim (fundador da sociologia do conhecimento) e Eugene Varga (futuro economista da Internacional Comunista). A expressão exterior desse cenáculo foi a *Escola Livre das Ciências do Espírito*, que patrocinava conferências e seminários para um público restrito.

O desenrolar da guerra, como já dissemos, acentua os dilemas do pensamento de Lukács. Na busca de soluções, ele prossegue em seu estudo sobre Hegel e volta a se debruçar sobre textos de Marx. E a alternativa de futuro que entrevira nas obras de Dostoiévski lhe surge da própria realidade histórica: em outubro de 1917, a Revolução Russa causa-lhe enorme impacto.

A partir de então, Lukács, rumo à esquerda, se *politiza* rapidamente. Por sugestão de Szabó, dedica-se à leitura do teórico do sindicalismo revolucionário, Sorel, e dos anarcossindicalistas, ao mesmo tempo que estuda Anton Pannekoek e Rosa Luxemburgo (revolucionários que combatiam o reformismo da II Internacional). Durante todo o ano de 1918, procura sistematizar as relações entre ética e política, e a própria situação do país obriga-o a assumir posições claras: em outubro, o rei Karol admite como chanceler o conde Károly, à frente de uma coalizão democrática que vai tentar recompor um país arruinado. Em novembro, Lukács intervém abertamente no debate político: publica um artigo defendendo a república.

A vitória dos bolcheviques na Rússia czarista e o afluxo do movimento de massas na própria Hungria põem o *problema comunista* na ordem do dia. A 24 de novembro, funda-se o Partido Comunista da Hungria, liderado por Béla Kun. Pouco antes, Lukács escrevera um texto, *O bolchevismo como problema moral*, muito simpático aos comunistas, mas em cujo último parágrafo se lê: "O bolchevismo se baseia na ideia metafísica segundo a qual o bem pode brotar do mal, na crença de que é possível chegar [...] à verdade mentindo. O autor destas linhas não pode partilhar dessa crença".

A força da história real viola os propósitos do próprio Lukács: depois de escrever esse artigo, ele se encontra com Béla Kun e conversam demoradamente. Como consequência imediata desse encontro, Lukács decide ingressar na nova organização. É claro que a decisão assombrou seus amigos – segundo Hauser, "ninguém a entendeu".

Mas a "conversão" de Lukács ao comunismo não é nada misteriosa. Como bem viu Leandro Konder, "a opção [de Lukács] pelo comunismo fora largamente preparada pela constante *rebeldia*, pelo anseio de soluções *radicais*, pela apaixonada *negação* da sociedade burguesa". A recusa do mundo burguês, ponto de partida do jovem Lukács, localiza agora o sujeito social que pode lhe conferir um sentido positivo: na segura interpretação de Michael Löwy, "em 1918/1919, Lukács encontra no proletariado a força capaz de resolver as antinomias pela destruição da realidade capitalista, a abolição da reificação, a realização de valores autênticos e a fundação de uma nova cultura"*.

Ao longo de toda sua vida, *essa* foi a ruptura mais decisiva experimentada por Lukács – concretizou a opção que determinaria todo o perfil de sua *obra madura*. Foi o *salto qualitativo* que o conduziu para as trincheiras do movimento operário revolucionário e lhe permitiu elaborar uma *concepção dialética* da história, da sociedade e da cultura. Mas que não significou o abandono de suas preocupações *juvenis* – estas reapareceriam intermitentemente no desenvolvimento de sua reflexão, resgatadas e tratadas sob novas luzes.

A ruptura de 1918, portanto, é feita de corte e continuidade, rompimento e conservação. Ela só se compreende mediante a categoria hegeliana da *Aufhebung*: simultaneamente preserva, nega e supera.

---

* Michael Löwy, *A evolução política de Lukács (1909-1919)* (São Paulo, Cortez, 1998). (N. E.)

3
A prova da política

O ingresso de Lukács no Partido Comunista húngaro, a 2 de dezembro de 1918, abre-lhe um horizonte inteiramente novo, que se descortina a partir do *espaço da política*. E Lukács, que até então jamais se envolvera na prática política, durante toda uma década se dedicará direta e intensivamente a ela, para depois de novo recolher-se à quase estrita atividade intelectual – só retornando diretamente à ação política num episódio, o da crise húngara de 1956.

Essa década de intervenção política, porém, não constitui um simples parênteses na vida de Lukács. Foi *decisiva* em dois níveis: em primeiro lugar, dela emergiram componentes determinantes da construção da obra lukacsiana chamada *madura*. É neles que o pensador vai integrar, no seu mundo mental, os parâmetros que comporão seu aporte à teoria social de Marx. Em segundo lugar, nesse período ele vai concretizar e sedimentar sua opção pelo engajamento na organização operária revolucionária: de início impulsionado para o comunismo por *motivações* éticas, ao cabo desses dez anos sua escolha passará a ter fundamento em *razões teóricas*. Independentemente do êxito ou do fracasso nela revelados, a prova da política da década de 1920 vinculará de maneira irreversível a biografia de Lukács ao movimento comunista: a partir daí, sua obra só adquire plena significação e só pode ser adequadamente compreendida se correlacionada aos problemas, às conquistas e às derrotas do projeto proletário dos partidos comunistas.

O ingresso de Lukács no Partido Comunista se dá simultaneamente à agudização da crise econômico-social que envolve a Hungria no imediato pós-guerra. Para se ter uma ideia dessa crise, basta assinalar que, em finais de 1918, em 10 milhões de habitantes, o desemprego afetava 1 milhão de trabalhadores. Na virada do ano, a crise torna-se política, e a 11 de janeiro cai a monarquia: o conde Károly é investido na presidência da República. O movimento de massas ganha uma nova dinâmica, que se reflete no acelerado crescimento do Partido Comunista. Em fevereiro, pressionado pelos ingleses, temerosos com o desdobramento da situação, o governo encarcera a liderança comunista. A direção do partido se rearticula rapidamente, e Lukács é cooptado para o Comitê Central.

A crise política se precipita. A repressão aos comunistas só serve para transformá-los em organização que ganha a simpatia nacional, fazendo inclusive com que os social-democratas se aproximem deles. Recusando novas pressões externas, Károly demite-se a 20 de março. No dia seguinte, uma coalizão de comunistas e social-democratas assume o governo e instaura a *Comuna húngara*, a República Proletária dos Conselhos, que teria a efêmera vida de 133 dias.

Lukács teve papel de relevo em todo esse processo. Membro do Comitê Central do PC, trabalhou na redação do *Jornal Vermelho*, fundou o Instituto de Pesquisas do Materialismo Histórico e desempenhou a função de comissário político da 5ª Divisão do recém-criado Exército Vermelho. Mas foi como vice-ministro ("vice-comissário do povo") da Educação Pública que sua influência se fez sentir decisivamente. Embora não fosse o titular do ministério (era-o o social-democrata Sigmund Kunfi), coube-lhe, de fato, a responsabilidade das iniciativas mais importantes: uma profunda reforma educacional (que, aliás, introduziu nos currículos a educação sexual), a socialização das editoras e a abertura dos museus e teatros aos trabalhadores.

Para Lukács, a tarefa cultural que competia à Comuna era "o revolucionamento das almas", com um programa sintético e original: *"A política é apenas um meio; o fim é a cultura"*. Lukács implementou esse programa com extrema coerência. Ao lado de medidas de vanguarda (como a reforma escolar), valorizou a melhor tradição cultural, patrocinando a representação, por grupos de trabalhadores, de obras de Lessing, Molière, Ibsen e Shaw. De fato, a política cultural da Comuna, orientada por Lukács, foi *democrática e pluralista*, como se verifica na *Tomada de Posição* do ministério: "O programa cultural dos comunistas apenas faz distinção entre boa e má literatura [...]. Tudo o que tiver verdadeiro valor literário, venha de onde vier, encontrará o apoio do Comissariado". E, conclusivamente, Lukács escreveu no *Jornal Vermelho*: "O Comissariado não quer uma arte oficial nem, muito menos, a ditadura da arte do Partido".

Os dias da Comuna húngara, porém, estavam contados: a contrarrevolução burguesa, cujo ciclo mundial se avizinhava – marcando sua presença já nos inícios do ano, na Alemanha, com a chacina dos espartaquistas –, move-lhe uma guerra mortal. Em agosto, ela é batida pelas forças fascistas de Miklós Horthy e instaura-se na Hungria um clima de terror: contra os 696 mortos de toda a existência da Comuna, a ação da direita reacionária toma as cores que lhe são peculiares: 5 mil pessoas são executadas, 75 mil aprisionadas e mais 100 mil forçadas ao exílio para sobreviver.

Lukács, que, como comissário político, estivera em combate, permanece por algum tempo na clandestinidade, organizando a resistência com Otto Korvin. Após a prisão deste (que será executado no ano seguinte), é obrigado a rumar para Viena. Ali, é preso em outubro e sua deportação exigida por Horthy; impede-a uma ampla mobilização da intelectualidade europeia (Bloch, Paul Ernst, Thomas e Heinrich Mann, entre muitos). Libertado no final do ano, só então começa a adaptar-se à vida no exílio, cheia de dificuldades de todas as ordens.

Precisamente então, nas duras condições do exílio, é que tem lugar seu famoso encontro com Thomas Mann, o grande escritor alemão a quem sempre dedicará uma imensa admiração e ensaios críticos elogiosos. O encontro impressionou vivamente Mann, que já tinha Lukács em alta estima; anos depois, o autor de *Morte em Veneza** evocaria assim a entrevista: "Ele me expôs suas teorias por toda uma hora. Enquanto falava, tinha razão. E se, em seguida, ficou-me a sensação de uma grande abstração, conservei dele uma imagem de honestidade e de generosidade intelectuais"**. Mann, que conhecera a família de Lukács, só voltou a reencontrá-lo em 1957, quando de uma homenagem a Schiller, em Weimar. Mas, em seu célebre romance *A montanha mágica***, criou um personagem que reproduz

---

* Thomas Mann, *Morte em Veneza* (trad. Eloísa Ferreira Araújo Silva, Rio de Janeiro, Nova Fronteira, 2011). (N. E.)

** Zóltan Novák, *Thomas Mann és a fiatal Lukács* [Thomas Mann e o jovem Lukács]; disponível em: mek.oszk.hu/03000/03096/03096.htm; acesso em: 23 ago. 2022. (N. E.)

*** Thomas Mann, *A montanha mágica* (trad. Herbert Caro, São Paulo, Cia. das Letras, 2016). (N. E.)

algo do Lukács daquela época: Leo Naphta, uma figura inquietante, estranha, ambígua mescla de conservadorismo romântico e pregação revolucionária. Embora Mann sempre afirmasse que Naphta "nada tem a ver com o verdadeiro Lukács", o francês Yvon Bourdet sustenta, contra a maioria dos especialistas, que, por meio de Naphta, pode-se "compreender toda a vida de Lukács".

O filósofo ficará em Viena até finais dos anos 1920, mesmo que se deslocando eventualmente à Alemanha. É na capital austríaca que se vinculará àquela que será sua companheira fiel até 1963, ano em que ela falece: Gertrud Bortstieber. Separado de Ieliena Grabenko desde os dias da Comuna, passará a viver com Gertrud em janeiro de 1920, com o casamento realizando-se posteriormente na União Soviética.

Em Viena, Lukács se dedicará a estudos que marcarão substancialmente a ulterior evolução de seu pensamento, sobretudo os centrados na obra de Lênin. Como ele mesmo escreveu anos depois, "o período da emigração em Viena, antes de tudo, abriu uma época de aprendizagem".

Trata-se de uma aprendizagem que, desenrolando-se no quadro da intervenção política, prolongar-se-á por toda a década de 1920 e, ainda, pelos primeiros anos da década de 1930. É então que Lukács assimila integralmente as dimensões *materialistas* necessariamente subjacentes à teoria social de Marx e que foram fortemente sublinhadas por Lênin. Até sua estância em Viena, Lukács pouco conhecia de Lênin – só ali trava contatos sistemáticos com sua obra, de que resultarão modificações ponderáveis em sua concepção de mundo. Tais modificações, porém, só começarão a se fazer sentir na segunda metade dos anos 1920; isso explica, em parte, as colisões que até aí se registram entre as posições de Lukács e as de Lênin, verificáveis nas *posturas esquerdistas* do filósofo húngaro, ou seja, em seu extremismo político revolucionário.

O esquerdismo de Lukács tem outras raízes, além da ignorância dos textos lenineanos. Por um lado, até cerca de 1923, seus referenciais se prendiam às teses dos dirigentes operários que recusavam a ideologia reformista da II Internacional hegemonizada por Karl Kautsky; mas o exemplo teórico e prático do revolucionário, Lukács não o encontrava entre os bolcheviques, e sim em Rosa Luxemburgo. Por outro lado, influiu muito em sua posição o substrato geral de seu pensamento do período anterior à adesão ao Partido Comunista: suas exigências éticas e seu messianismo derivavam claramente num *voluntarismo* notável. Esse voluntarismo penetra a ação e a reflexão de Lukács dos dias da Comuna a 1923.

Esses traços dominantes do pensamento de Lukács, esquerdismo e voluntarismo, estão intimamente vinculados a seu *eticismo* (isto é, ao rigor com que avaliava a prática segundo princípios). Num importante texto de 1919, cujo título, por si só, é expressivo – *Tática e ética* –, ele afirma que o verdadeiro revolucionário deve recusar, também no plano político, por princípio e *a priori, qualquer* compromisso. A luta de classes é só um instrumento para a grande meta, "a emancipação da humanidade", e "todo compromisso é fatal [...] para o objetivo final". Como se vê, o mundo mental de Lukács, mesmo com a adesão ao Partido Comunista, permanece ainda orientado por valores que precederam sua opção pelo comunismo.

Essa recusa de *quaisquer* compromissos o conduziu a graves equívocos políticos, ilustrados sobretudo em sua posição em face da *atividade parlamentar*. Em sua ótica de então, o parlamento é uma instituição burguesa e, como tal, deve ser desprezado: os comunistas não devem participar dessa "mistificação", que só serve à classe operária como "arma defensiva". Num escrito de 1920, ele afirma: "Assumir a atividade parlamentar, para um partido comunista, significa a consciência de que a revolução é impensável a curto prazo; é reconhecê-lo e confessá-lo". Lendo essas linhas, Lênin reagiu prontamente: "O artigo do camarada G. L. é muito 'esquerdista' e muito ruim. Seu marxismo é puramente verbal".

Na verdade, Lukács vivia, nos primeiros anos de Viena, a culminação dos conflitos que tensionavam seu pensamento desde a eclosão da guerra. A contradição se operava no confronto entre suas requisições éticas (absolutas) e as exigências de uma ação concreta (com toda a sua relatividade). Só a prova da política solucionaria o conflito, no processo assim descrito por ele: "A ética indicava-me a via da prática, da ação e, por conseguinte, da política. E esta, por sua vez, levou-me à economia e à necessidade de uma fundamentação teórica, enfim, da filosofia do marxismo".

Entretanto, as limitações esquerdistas de Lukács não o impediram de elaborar questões cruciais para o movimento operário. A breve experiência do poder sensibilizou-o para problemas cuja magnitude só se revelaria plenamente com o desenvolvimento da transição socialista na URSS e em outros países. Esse conteúdo *antecipador* do pensamento de Lukács é visível num ensaio de 1919, *O papel da moral na produção comunista*. De acordo com Lukács, quando o proletariado é obrigado a exercer sua ditadura contra si mesmo, "esse caminho comporta em si graves perigos para o futuro", uma vez que a organização jurídica criada para isso (o Estado proletário) "não poderá ser eliminada automaticamente pela evolução histórica" – "precisará, com efeito, ser derrubada". Nesse texto, para o qual Mészáros foi dos primeiros a chamar recentemente a atenção, estão prefigurados muitos dos dilemas que afligiram o chamado "socialismo real".

O esquerdismo lukacsiano está, ainda, vinculado ao forte componente *antiburocrático* de sua reflexão. Nos primeiros anos do exílio vienense, ele se traduz na luta interna de que Lukács participa ativamente. No exílio, o Partido Comunista húngaro se debate entre duas orientações: a capitaneada por Béla Kun, que estava em Moscou e era apoiado pela Internacional Comunista, e a inspirada por Jenó Landler. Lukács é um dos dirigentes da fração de Landler, combatendo o que denominava de "sectarismo burocrático" de Béla Kun e opondo-lhe uma visão que, depois, diria ser "messiânica e antiburocrática". Em 1922, as fraturas internas do partido são suprimidas administrativamente: com o respaldo de Grigóri Zinóviev, membro proeminente da Internacional Comunista, Béla Kun consegue neutralizar seus oponentes – derrotando as ideias de Landler e de Lukács.

O esquerdismo, por outro lado, fazia parte da atmosfera política comunista da época. Era generalizada a expectativa de que a vaga revolucionária, iniciada na Rússia soviética, logo se espraiaria por todo o Ocidente. A revolução em escala mundial parecia estar na ordem do dia. Poucos dirigentes revolucionários se aperceberam, em 1920/1921, que uma etapa de refluxo se avizinhava para o movimento operário; somente em 1923/1924 é que essa percepção se torna maior, quando a Internacional Comunista indica que o capitalismo experimentava uma "estabilização relativa". Compreende-se, pois, que o esquerdismo caracterizasse vivamente a revista *Comunismo,* órgão da Internacional

Comunista para os países do sudeste europeu sediado em Viena, e em cujo conselho editorial Lukács ingressa durante o ano de 1920.

Derrotado politicamente no interior de seu partido em 1922, logo em seguida Lukács irá se concentrar na reelaboração de alguns textos que publicara pouco antes – na revista *Comunismo* – e na redação de outros, preparando o volume de ensaios que sairia no ano seguinte: *História e consciência de classe: estudos sobre a dialética marxista,* muitas vezes referido apenas como *HCC.*

A esmagadora maioria dos analistas de Lukács acata, na avaliação deste livro, a tese ulteriormente esposada por seu autor: *HCC* é um perfeito resumo das ideias que defendeu de 1919 a 1922. Independentemente do debate sobre esse aspecto, o que todos aceitam é a *excepcional* importância do livro, uma obra-prima do marxismo.

Os "oito ensaios de dialética marxista" que compõem *HCC* tematizam objetos distintos, mas estão vinculados por uma perspectiva teórica e política que lhes confere uma singular coerência e unidade. No plano teórico, Lukács dirige a polêmica em duas frentes: contra o "marxismo vulgar" da II Internacional e sua vertente revisionista (Bernstein) e contra o positivismo acrítico das ciências sociais "burguesas". Em face de ambos, ele realça a peculiaridade do *marxismo ortodoxo* (que nada tem a ver com a dogmática), consistente na rigorosa aplicação da *dialética* materialista, necessariamente revolucionária. No plano político, Lukács, participando das expectativas de uma iminente revolução em escala mundial, defende ideias inspiradas em Rosa Luxemburgo (tanto sua teoria da acumulação do capital quanto suas propostas acerca do papel organizador do partido comunista).

Neste livro, em que Lukács faz uma leitura fortemente hegeliana de Marx, capturam-se temas marxianos que só se tornariam conhecidos nos anos 1930 (quando se publicam os *Manuscritos de 1844**), como o da *alienação*. É assim que Lukács formula sua teoria da *reificação*, que tanto influiria sobre os pensadores da "escola de Frankfurt" (Theodor Adorno, Max Horkheimer e Herbert Marcuse), sobre Henri Lefebvre, Leo Kofler, Lucien Goldmann e Karel Kosík, entre tantos. E a permanente atualidade de *HCC* – atestada, contemporaneamente, por infindáveis polêmicas que envolvem, entre muitos, István Mészáros, Laura Boella, Louis Althusser, Lucio Colletti, Kostas Axelos –, não passa de um índice de sua relevância para a cultura revolucionária moderna.

De acordo com o Lukács de 1923, há uma fratura ineliminável entre o marxismo e a "ciência burguesa": a sociedade só pode ser cientificamente estudada a partir do "ponto de vista da totalidade", capaz de resolver as *formas sociais* em seus *processos*; ora, na sociedade moderna, apenas as *classes* representam o ponto de vista da totalidade, mas somente o *proletariado*, partindo dele, pode conhecer a realidade, já que "a sobrevivência da burguesia pressupõe que ela jamais alcance uma clara compreensão das condições de sua própria existência". O marxismo, consciência teórica do proletariado, é *a* ciência social; nele, ao mesmo tempo, o proletariado, sujeito e objeto do conhecimento, realiza-se adquirindo sua *autoconsciência*. Para o proletariado, conhecer-se significa conhecer a sociedade – e esse conhecimento é a única garantia do êxito da ação revolucionária.

---

* Karl Marx, *Manuscritos econômico-filosóficos* (trad. Jesus Ranieri, São Paulo, Boitempo, 2004). (N. E.)

Para Lukács, a vida social capitalista engendra uma *positividade* dos fenômenos sociais que *mistifica* sua íntima essência: eles tomam a aparência de coisas (*reificação*) – ultrapassar essa superfície *fetichizada*, no plano do conhecimento, só é possível a um pensamento articulado à ação que, ela mesma, queira ultrapassar os quadros da vida social capitalista. Ou seja, a dialética do marxismo só se sustenta sobre uma *prática revolucionária* (daí a unidade necessária entre teoria e prática).

Apenas ao proletariado, graças a sua posição na sociedade burguesa – que determina sua "missão histórica" –, a prática revolucionária pode aparecer como projeto consciente. Para tanto, é-lhe preciso romper com a *imediaticidade* (ou seja, a aparência positiva, reificada, coisificada) da vida social, e isso não se faz automaticamente: o proletário deve avançar de sua consciência individual (*psicológica*) para o nível da *consciência de classe* – a *consciência possível* das transformações que conduzam à libertação da classe e da humanidade. Esse salto, regido pela consciência teórica do movimento (o marxismo) e operado na ação, implica o *partido*, "forma de mediação entre a teoria e a prática".

O estatuto teórico do marxismo, a relação da consciência das classes com a realidade e sua função no conhecimento e na transformação do mundo, as conexões entre organização (partido) e classe – é esse o elenco básico da temática de *HCC*, desenvolvido num confronto com a tradição filosófica clássica (Kant e Hegel), com a ciência social "burguesa" (especialmente Weber) e com as deformações ideológicas diferenciadas da II Internacional (Kautsky, Bernstein e o "austro-marxismo"). A concepção historicista que matriza o pensamento de Lukács resgata muitos dos problemas anteriormente analisados por ele. A própria *teoria da reificação* é

40 / Lukács: uma introdução

uma nova abordagem dos modos de ser daquele "estilo burguês de vida" que já o preocupara em seus escritos iniciais.

O que fascina em *HCC* é aquilo que, simultaneamente, constitui sua força e sua fraqueza: *a concepção do marxismo como historicismo radical*, como a exclusiva filosofia do social. Sob esse aspecto, o livro é a expressão mais acabada de uma tendência teórica que estava no ar, à época, e que teve outro brilhante formulador em Korsch (seu *Marxismo e filosofia** é também de 1923). O historicismo assumido por Lukács responde pela modernidade de *HCC*, capaz de abrir a via à análise de fenômenos ideológicos do capitalismo tardio. Mas é também ele que vulnerabiliza a interpretação lukacsiana de Marx: a obra deste perde suas *dimensões ontológicas*, seu caráter de pesquisa da estrutura do ser, reduzida que é a uma sistemática filosofia da história.

Logo depois de publicado, *HCC* foi objeto de uma vigorosa condenação por parte da Internacional Comunista, em seu V Congresso (junho/julho de 1924). Nikolai Bukhárin e Grigóri Zinóviev atacaram suas "recaídas no velho hegelianismo" e seu "revisionismo teórico". A partir daí, o marxismo oficial estigmatizou a obra: inúmeros ideólogos encheram páginas e páginas arrolando os "desvios" de *HCC*, basicamente resumidos na recusa da *dialética da natureza* de Engels e na utilização de uma epistemologia que ignora a *teoria do reflexo* leninista. Durante décadas, não se conheceu a réplica quase imediata de Lukács às críticas que lhe dirigiu a cúpula do movimento comunista – só nos anos 1990 descobriu-se e publicou-se um documento ("Reboquismo e dialética"), redigido em 1925 ou 1926, e ao qual o próprio

---

* Karl Korsch, *Marxismo e filosofia* (trad. José Paulo Netto, Rio de Janeiro, Editora da UFRJ, 2008). (N. E.)

Lukács nunca se referiu, em que ele defendia posições filosóficas mantidas em *HCC*, nomeadamente contra os ataques de ideólogos como László Rudas e Abram Deborin.

"Livro maldito" do marxismo, *HCC* só teve outra edição autorizada por Lukács em 1967, para a qual ele preparou um longo prefácio em que avalia – numa exemplar autocrítica – finalmente a obra (que já criticara, com excessivo rigor, na primeira metade dos anos 1930). Nesse prefácio/prólogo de 1967, Lukács observa que, em seguida à edição do texto, novos elementos postos pela realidade histórica indicaram-lhe "a necessidade de uma reorientação". Esquematicamente, tais elementos foram o refluxo do movimento operário, o colapso das expectativas de uma revolução em escala mundial a curto prazo, a opção stalinista pelo "socialismo num só país".

Essa reorientação não transparece na pequena biografia de Lênin que ele publica em 1924, logo após a morte do líder bolchevique, em que ressalta a *universalidade* de sua intervenção teórico-prática. Nem, ainda, na sua resenha (1925) do *Tratado do materialismo histórico**, de Bukhárin, no qual critica a concepção do teórico russo sobre o papel da *técnica* na vida social. Surge, porém, no importante ensaio, de 1926, *Moses Hess e o problema da dialética idealista*: nele, Lukács contrapõe ao "utopismo revolucionário" de Hess o "grandioso realismo" de Hegel. A recusa de toda utopia, que Hegel realiza ao "reconciliar-se com a realidade", não se afigura a Lukács como capitulação: constitui a chave para viabilizar uma intervenção efetiva, mesmo que teórica, sobre a realidade.

---

*   Nikolai Bukhárin, *Tratado do materialismo histórico* (trad. Sérgio Telles de Souza, Rio de Janeiro, Record, 1970). (N. E.)

A defesa desse "realismo", dessa "reconciliação com a realidade", expressa, de fato, o abandono, por parte de Lukács, de seu eticismo: no fundo, ele está *revisando completamente* um elemento *essencial* de *Tática e ética*, a "recusa de todo compromisso". A reorientação lukacsiana vai precisamente nesse sentido: a ultrapassagem dos fundamentos originais da sua opção pelo Partido Comunista, de seu voluntarismo. O "messianismo utópico" de Lukács entra em crise. Lukács reorienta seu pensamento em função de eventos históricos que enfraquecem os suportes de suas concepções. O mais golpeado pela história é seu esquerdismo: paralelamente a um refluxo do movimento operário revolucionário (de 1921 a 1928, o número dos inscritos nos partidos comunistas dos países capitalistas caiu de 900 mil para a metade) ocorria um fortalecimento do reformismo (no mesmo período, duplicaram os contingentes da social-democracia); ficava claro que a revolução se congelara no Ocidente. É com essas factualidades presentes em seu espírito que ele, na segunda metade dos anos 1920, volta a empenhar-se numa luta interna no Partido Comunista húngaro.

Uma conjuntura diferente abria melhores possibilidades para os oponentes de Béla Kun: de um lado, um grupo de socialistas se descolara da social-democracia e criara o Partido Operário Socialista Húngaro, propiciando um novo interlocutor para os comunistas; de outro, uma onda repressiva no país infligira sérios golpes ao Partido Comunista. A fração Landler se rearticula e o filósofo – cujo pseudônimo na militância clandestina era *Blum* – passa a estudar a realidade socioeconômica da Hungria com vistas a elaborar, com Landler, uma política alternativa à de Béla Kun. Nesse projeto, em que, *pela primeira vez,* Lukács deixa o estrito plano da investigação filosófica para debruçar-se sobre a análise particular de uma situação histórica precisa, a premissa era a caracterização do quadro mundial como sendo de "estabilização relativa do capitalismo", desenvolvida pela Internacional Comunista desde 1924.

Em 1928, Landler falece repentinamente, e resta a Lukács assumir o comando da fração, tendo em vista a realização, no ano seguinte, do II Congresso do partido. É para os debates desse congresso que ele apresenta o informe "Teses sobre a situação política e econômica da Hungria e sobre as tarefas do KPU", que se tornaria famoso sob o título simplificado de "Teses de Blum". Em sua análise, Lukács sustenta que o contexto húngaro tornava necessária a luta dos comunistas não pelo restabelecimento de uma república de conselhos (como a *Comuna* de 1919), mas por uma *ditadura democrática*, "cujo conteúdo imediato e concreto não ultrapasse a sociedade burguesa". A alternativa ao fascismo de Horthy, pela qual deveriam batalhar os comunistas, não seria a *ditadura do proletariado*, mas um regime em que as liberdades políticas fossem efetivas: construindo uma ampla frente política policlassista, os comunistas deveriam lutar pela "completa realização da democracia burguesa", uma vez que ela "oferece ao proletariado o campo de batalha mais propício".

Durante o ano de 1929, as "Teses de Blum" foram discutidas pelos comunistas húngaros. Mas sua sorte viu-se decidida em Moscou, onde estavam o Comitê Executivo da Internacional Comunista e Béla Kun: uma *carta aberta* daquele organismo selou o destino da proposta de Lukács: "Na realidade, o camarada Blum se coloca no terreno da social-democracia [...]. Ele propõe que [...] o PC húngaro se caracterize como o partido das reformas democráticas [...]. Essas teses não têm nada a ver com o bolchevismo".

Mais uma vez, Lukács é derrotado na luta interna e logo deixará o Comitê Central do partido. Em dezembro de 1929, faz uma rápida e formal autocrítica, reconhecendo o caráter "oportunista de direita" das "Teses de Blum". Posteriormente, ele explicou esse recuo: "Eu estava firmemente convencido, na época, da correção dos meus pontos de vista; mas sabia [...] que, naquele momento, uma exclusão do Partido significava a impossibilidade de participar ativamente na luta contra o fascismo que se aproximava. Como 'bilhete de entrada' na luta antifascista é que redigi essa autocrítica". A partir de dezembro de 1929, ele se desvincula de qualquer atividade dirigente, passando a atuar apenas como um intelectual do partido.

A derrota das "Teses de Blum" está diretamente condicionada pelo fato de a Internacional Comunista, no instante mesmo em que os suportes do esquerdismo lukacsiano iam pelos ares, realizar um "giro à esquerda": de 1928 a 1929, abre-se seu "terceiro período", estreito e sectário, desvinculado da realidade das lutas de classe efetivas. Desligada da vida social concreta, a Internacional Comunista repudiará uma aliança com a social-democracia (caracterizada como "irmã-gêmea do fascismo") e desenvolverá a tática da "classe contra classe". Somente em 1935, quando as vitórias do fascismo eram insofismáveis, a organização, dirigida por Georg Dimitrov, iria corrigir esse rumo desastroso, defendendo a ideia das *frentes populares*, cujo embrião já está contido nas "Teses de Blum". O malogro destas se explica, pois, por sua falta de oportunidade: são *tardias* em relação à política da "estabilidade relativa", que reconhecia o refluxo revolucionário, são *prematuras* em relação à política "frentista", que advogava uma política de alianças contra o fascismo. Do episódio, Lukács extraiu uma lição: verificou não estar vocacionado para a ação política (lembrar-se-ia o filósofo do texto weberiano sobre as "duas vocações"?).

Mas *não foi episódica* a reorientação de que as "Teses de Blum" são uma prova inequívoca: a partir daí, o pensamento de Lukács, despido das conotações voluntaristas e messiânicas, esquerdistas, evoluirá segundo o *realismo* que já aparece valorizado no ensaio sobre Moses Hess e implementado nas teses derrotadas. A concepção histórico-política que está nas bases das "Teses de Blum" – ou seja, a concepção de que o processo revolucionário cobriria toda uma época histórica larga, numa evolução sinuosa, e que a classe operária deveria abandonar qualquer sectarismo para ampliar sua influência e não se deixar isolar –, essa concepção vai direcionar todo o trabalho intelectual de Lukács.

Concentrando sua intervenção, depois de 1929, no âmbito da cultura (estética e filosofia), Lukács vai dirigir esse *realismo* num sentido muito claro, e tanto mais significativo quanto mais candente se faz a ameaça fascista: vai dirigi-lo no sentido, como Michael Löwy notou com argúcia, de conciliar a "cultura democrático-burguesa com o movimento comunista". É desnecessário dizer que esse projeto lukacsiano encontra maiores possibilidades de viabilizar-se quando, em 1935, a própria Internacional Comunista é levada a uma estratégia em que a política de alianças é erigida em princípio elementar.

Alguns analistas querem ver, no giro expresso nas "Teses de Blum", a capitulação de Lukács em face do emergente stalinismo (é a posição, por exemplo, de Löwy). É verdade que, a partir delas, Lukács aceita parcial e condicionalmente alguns dos pressupostos da política stalinista; fá-lo, porém, como se verá, com fortes componentes críticos. De qualquer forma, sua intervenção cultural posterior a 1929 não é, como quis o respeitável Isaac Deutscher, uma simples transposição, para o campo da cultura, das concepções "frentistas". Seu esforço para vincular a tradição cultural democrático-burguesa ao movimento comunista, depois da superação de suas ilusões utópico-messiânicas, se funda na consequente interpretação da tese de Marx e de Engels segundo a qual o proletariado é o *herdeiro da filosofia clássica*.

Depois da prova da política, feito o aprendizado de uma década no interior do movimento operário revolucionário, Lukács – sem dele se afastar – retorna ao âmbito da elaboração cultural, convencido de que o proletariado só poderá construir uma *nova cultura* se for capaz de assimilar, crítica e criadoramente, a *herança* progressista e racionalista que já encontra diante de si.

4
Os tempos difíceis

Desvinculado da atividade diretamente política, em princípios de 1930 Lukács vai para Moscou, onde permanecerá até o verão do ano seguinte. Esses meses moscovitas oferecerão ao filósofo condições para aprofundar e definir, no plano teórico, a reorientação mencionada e, como ele anotou numa página autobiográfica de 1933, coroar "meu caminho até Marx".

Foram meses inteiramente dedicados à investigação no Instituto Marx-Engels-Lênin, durante os quais Lukács pôde examinar os *Manuscritos econômico-filosóficos** (1844), de Marx, inéditos até aquela data, e os *Cadernos filosóficos***, de Lênin, recém-publicados. O estudo exaustivo de ambos os materiais lhe forneceu o eixo teórico para completar a reorientação iniciada anos antes. Nos manuscritos parisienses de Marx, Lukács encontra elementos para retificar algumas colocações equivocadas de 1923 (em especial, sua teoria da reificação, que não chegara a distinguir adequadamente *alienação* e *objetivação*). Dos apontamentos lenineanos, extrai uma compreensão efetivamente materialista da

---

* Karl Marx, *Manuscritos econômico-filosóficos*, cit. (N. E.)

** Vladímir Lênin, *Cadernos filosóficos* (trad. José Paulo Netto/Edições Avante, São Paulo, Boitempo, 2018, coleção Arsenal Lênin). (N. E.)

metodologia de Marx e um entendimento claro da *teoria do reflexo* (superando a tese da *identidade sujeito-objeto* no processo do conhecimento da sociedade pelo proletariado). A síntese desses componentes lhe permitirá, anos depois, construir uma nova e original interpretação do pensamento juvenil de Hegel, filósofo tão determinante em *HCC*.

Essa primeira estada em Moscou, todavia, é importante sob outro aspecto: Lukács trava relações com Mikhail Lifschitz, crítico a quem o ligará sólida amizade. Lifschitz, pesquisador do mesmo instituto, estava analisando os textos em que Marx e Engels tratavam de questões estéticas. Lukács compartilharia de idêntica preocupação e, de 1934 a 1940, desenvolveria ampla colaboração intelectual com esse investigador russo.

Em meados de 1931, interrompe-se a estância moscovita: a Internacional Comunista envia Lukács a Berlim, para assessorar a intervenção cultural dos comunistas alemães na União dos Escritores Revolucionários Proletários, fundada em 1928 e que, desde agosto de 1929, publicava o mensário *Virada à Esquerda*. Até 1931, essa revista se orientara por um sectarismo esquerdista que desaguara num radical *obreirismo*: a literatura revolucionária era vista como produto próprio de escritores proletários. Com essa orientação, rechaçando qualquer avaliação positiva da literatura "burguesa", a linha da revista – a que não eram estranhas as teses do movimento russo *Proletkult*, defensor de uma inteira ruptura entre a arte socialista e o passado – prendia-se à seguinte equação: literatura de operários = literatura revolucionária. Tal orientação, aliás compatível com o "giro à esquerda" da Internacional Comunista, a partir de 1930 conduzira a revista ao isolamento e ao descrédito, o que levou o Partido Comunista alemão a patrocinar uma "correção de rumo" no periódico em novembro de 1931.

Lukács, portanto, chega para prestar sua colaboração (às vezes utilizando-se do pseudônimo *Keller*) num momento adequado para a exposição de suas ideias. Ideias que, em resumidas contas, derivam da matriz da proposta política das "Teses de Blum": a nova cultura (literatura) não se constituiria com a pura e simples negação da cultura (literatura) burguesa – ao contrário, a literatura revolucionária deveria resgatar criticamente a *herança* artística e cultural burguesa. É o já definido projeto de vincular os elementos culturais válidos do passado ao movimento comunista.

Tais ideias, chocando-se frontalmente com aquelas recém-divulgadas pela revista e generalizadas entre a intelectualidade comunista alemã, não podem, entretanto, ser explicitadas por completo, uma vez que também colidem com a linha geral esquerdista do "terceiro período" da Internacional Comunista. Nos dias em que a social-democracia era vista como a "irmã-gêmea do fascismo" e em que se advogava a tese da "classe contra classe", a defesa dos elementos progressistas contidos na herança cultural burguesa era algo fora de tom. Para fazê-la, Lukács começa a se valer de um recurso que empregaria largamente nos anos seguintes: as "citações protocolares" de dirigentes comunistas. Com esse artifício, recobrindo suas ideias com o verniz das "autoridades", ele consegue introduzir "de contrabando" muitas de suas sugestões antissectárias.

Sua colaboração para a *Virada à Esquerda* é, toda ela, dirigida pelo projeto já referido de preservação crítica do passado cultural. Nessa polêmica, em que defende a herança cultural burguesa contra o obreirismo esquerdista, são representativos dois ensaios seus, ambos de 1932: "Tendência ou partidariedade?" e "Reportagem ou configuração?". No primeiro, Lukács recusa a "literatura de tendência", articulada para sustentar uma "tese", e valoriza, em troca, a tomada de partido do artista em relação a *processos sociais reais*. E, criticando os "romances proletários" de Ernst Ottwald, no segundo, evidencia também componentes centrais da discussão que, anos depois, travará com Bloch e Brecht: suas duras reservas aos processos compositivos da *arte de vanguarda*.

Com a vitória do fascismo na Alemanha (janeiro de 1933), Lukács – como parte significativa da intelectualidade alemã de esquerda – é obrigado a deixar o país. Regressa a Moscou, onde ficará até o final da Segunda Guerra Mundial na condição de exilado, trabalhando como colaborador de instituições de pesquisa (como o Instituto Filosófico da Academia de Ciências da URSS) e na redação de periódicos culturais (*Literatura Internacional, Crítica Literária, A Palavra, A Nova Voz*). Nesses doze anos, Lukács experimenta a primeira etapa dos tempos difíceis de sua vida de comunista – a outra coincidirá, como veremos, com o período da Guerra Fria. Naqueles anos, ao pesadelo tornado real pela barbárie fascista soma-se a ambiência da autocracia stalinista que, com seus traços de terror e intimidação, converte a expressão do pensamento da maioria dos intelectuais comunistas em simples apologia.

A posição de Lukács em face da autocracia stalinista (ou, simplificadamente, do stalinismo) é, como já indicamos, de *aceitação parcial e condicional*. No plano político, desde os finais dos anos 1920, constatando o fracasso da revolução no Ocidente, Lukács converge para coincidir com o essencial da estratégia implementada por Stálin, coonestando a teoria da "construção do socialismo num só país" e opondo-se às teses de Trótski. A deflagração da Segunda Guerra

Mundial reforça sua solidariedade para com a direção stalinista: entendendo que estava em jogo não só o socialismo agredido por Hitler, mas o futuro de toda a humanidade, para combater o horror reacionário Lukács põe todas as suas energias a serviço da luta antifascista capitaneada pelos círculos dirigentes do Partido Comunista da União Soviética.

No que concerne às formas políticas implantadas na União Soviética sob Stálin, compreende-se perfeitamente a discrição de que Lukács deu provas: ele não só se beneficiava do estatuto do asilo político, mas também, e principalmente, ignorava o conjunto de arbitrariedades e "violações da legalidade socialista" que se cometiam à sombra do poder absoluto da cúpula stalinista. Apesar dessas limitações, Lukács não se eximiu de definir-se em relação às evidências perceptíveis da deterioração da vida social soviética: num corajoso ensaio de 1940, "Tribuno do povo ou burocrata?", a propósito de questões culturais ele esboça uma forte crítica da autocracia stalinista, denunciando que, "no socialismo, a burocracia é um corpo estranho". Sintomaticamente, o texto recorre a palavras de Stálin – é o artifício das "citações protocolares", de que Lukács usou e abusou enquanto durou a longa noite do impropriamente chamado "período do culto à personalidade".

Cuidados como esse, todavia, não livraram Lukács de complicações com a polícia política. Complicações várias: em 1940, a revista *Crítica Literária,* na qual trabalhava com Lifschitz combatendo o sociologismo vulgar da crítica oficial soviética, foi fechada pelas autoridades. E, no ano seguinte, Lukács foi preso por alguns meses, só libertado pela intervenção pessoal de Dimitrov, então figura de proa da Internacional Comunista (à época, um dos filhos do primeiro matrimônio de sua esposa foi levado para um campo de concentração soviético).

É nesse plano teórico-cultural, contudo, que se revelam as sensíveis diferenças opositivas entre as concepções de Lukács e aquelas próprias da ideologia stalinista. O exemplo mais flagrante aparece na interpretação do significado da obra de Hegel. A partir da manipulação que o nazismo começou a fazer do filósofo, os círculos acadêmicos e oficiais soviéticos desenvolveram a tese (divulgada em especial durante a Segunda Guerra) de que a obra hegeliana, fechando-se com uma glorificação do Estado prussiano, era politicamente reacionária. Lukács – seguindo a mais legítima inspiração de Marx – opõe-se nitidamente a essa falsificação e, de 1935 a 1938, escreveu um alentado ensaio, *O jovem Hegel e os problemas da sociedade capitalista*, que só pôde ser publicado dez anos depois, na Suíça. Trata-se do melhor estudo histórico-filosófico de Lukács, no qual, aliás, ele reequaciona algumas das questões de que se ocupara em *História e consciência de classe* (sobretudo no que se refere à epistemologia e à alienação). A obra, esmiuçando o pensamento de Hegel até a redação da *Fenomenologia do espírito* (1807)*, sustenta que, avançando sobre o Iluminismo, ele foi o alemão que melhor compreendeu o sentido da Revolução Francesa e o "único que relacionou os problemas da economia clássica inglesa com os problemas da dialética".

No domínio da literatura, as citadas diferenças aparecem obviamente. Desde agosto de 1934, quando se celebrou o I Congresso dos Escritores Soviéticos, a doutrina

---

* Georg Wilhelm Friedrich Hegel, *Fenomenologia do espírito* (trad. Paulo Meneses, 6. ed., Petrópolis, Vozes, 2012). (N.E.)

literária oficial soviética entronizou o *realismo socialista* como paradigma de elaboração artística, posto como qualitativamente distinto, superior e melhor que o *realismo crítico* ("burguês"). A ideia diretriz dessa doutrina era a de que a arte do socialismo – pretensa e necessariamente mais avançada que a do capitalismo – deveria configurar-se como *arte de tendência* (justamente o que Lukács recusara em seu estágio berlinense), nutrindo-se de um "romantismo revolucionário" capaz de converter as obras de arte em meio "de educação dos trabalhadores no espírito do socialismo", segundo as palavras de Andrei Zhdanov, posteriormente o grande censor stalinista.

Lukács não compactua com essa degradação da literatura, que a situa, travestida de pedagogia socialista, ao nível da propaganda. Opõe-se decididamente ao modelo oficial de realismo socialista e não tem meias palavras para expressar sua posição, como se verifica num ensaio de 1936 em que avalia a "qualidade" das obras que seguiam o figurino oficial: "Na maioria desses romances, desde o início se conhece o desfecho: há inimigos do povo numa fábrica; reina enorme confusão, até que a célula do partido ou a KGB [polícia política stalinista] localiza o núcleo dos elementos antissociais e, então, a produção floresce". É cristalino e óbvio que em Lukács esse tipo de literatura só provoca uma apreciação inteiramente negativa.

Todo o esforço de Lukács, nesse terreno, é para elaborar uma *concepção alternativa* de "realismo socialista" àquela do stalinismo e, de forma mais ampla, uma concepção estritamente estética do próprio realismo. No interior de sua investigação sistemática sobre a arte que, desde então, ocupará sua reflexão até os últimos dias, ele privilegia apaixonadamente o *realismo*.

Apoiando-se em indicações de Engels, Lukács sustenta que o realismo não é uma simples questão de estilo ou de técnica: é o problema nuclear de *toda* a arte. O realismo não é um dado formal: é o único *método* compositivo que permite a realização da autêntica configuração artística, a apreensão da realidade como totalidade em movimento dialético. Num ensaio de 1936, "Narrar ou descrever?", ele desenvolve essa tese, aplicando-a à literatura, mas não só – e, em toda a sua produção posterior, permanecerá defendendo-a energicamente. Em 1936, a tese recebe uma primeira formulação rigorosa, com o realismo contraposto ao *naturalismo*, método de composição em que a *descrição* da aparência imediata da realidade nivela *fotograficamente* todos os fenômenos e cria personagens *médios*. Para Lukács, o *médio* é o medíocre; importam os *tipos*, personagens que, numa situação concretamente específica, revelam as máximas possibilidades de um caráter social. O personagem típico só é viável com o método realista da *narração*, que não reproduz os detalhes da vida, mas, *seletivamente*, captura apenas sua essencialidade, "e de modo tal que cria a ilusão da configuração da vida inteira, completamente desenvolvida em toda a sua amplitude". Diferenciar realismo de naturalismo sempre pareceu fundamental a Lukács; até o fim de sua vida, ele insistiu na distinção: "Considero a oposição entre realismo e naturalismo uma das maiores que existem na estética".

A tematização do realismo comparece, em análises específicas de crítica literária, nos principais ensaios lukacsianos desse período, enfocando autores como Johann Christian Hölderlin (1935), Honoré de Balzac (1936), Georg Büchner, Heinrich Heine (1937), Leon Tolstói (1938), Endre Ady (poeta ao qual retornou inúmeras vezes),

Gottfried Keller (1939), Wilhelm Raabe (1940) e o genial Goethe (1941). Aí se concretiza sua avaliação positiva do que chamava "o grande realismo crítico" (burguês) e que, naturalmente, atendia a seu projeto de vincular a herança burguesa progressista ao movimento comunista. Esse projeto, como já assinalamos, tornou-se tanto mais viável quanto, a partir de seu VII Congresso (1935), a Internacional Comunista, advogando as *frentes populares*, retirou das propostas obreiristas pretensões de exclusividade política.

Na perspectiva desse seu projeto maior, de 1936 a 1937, Lukács redigiu *O romance histórico*, obra em que escritores burgueses contemporâneos antifascistas são valorizados, mas cujo núcleo mais significativo é a original aproximação que faz a uma *teoria materialista dos gêneros literários* – recolocando problemas já enfrentados na juvenil *A teoria do romance*. Rechaçando uma distinção puramente formal dos gêneros, Lukács distingue a lírica da épica e do drama, que devem representar, os dois últimos, a vida em sua totalidade. A épica refigura a *totalidade dos objetos*, oferecendo "uma imagem artística da sociedade humana como ela se produz e reproduz no processo cotidiano da vida". O drama refigura a *totalidade do movimento*, apresentando a "colisão de forças sociais em seu ponto mais extremo e agudo". A épica moderna, o *romance*, tem seu personagem no *herói problemático*; o drama, tem-no no *indivíduo histórico-universal*.

O tratamento que Lukács confere à questão dos gêneros inspira-se na estética hegeliana, mas está no bojo de sua investigação sistemática e materialista dialética em torno da arte, que será continuada por toda a sua vida. O sentido dessa investigação consistia na construção de uma *estética marxista*. Com seu amigo Lifschitz, Lukács partilhava da ideia segundo a qual, embora não houvesse em Marx um pensamento estético articulado, havia em sua obra os fundamentos para um *sistema* estético. Essa hipótese aparece clarificada num ensaio do final da guerra, "Introdução aos escritos estéticos de Marx e Engels" e, de uma forma ou de outra, influi em todos os textos lukacsianos, desse período e do subsequente, voltados para a discussão da teoria estética ("Franz Mehring", 1933, "Karl Marx e Friedrich Theodor Vischer", 1934, "A propósito da estética de Schiller", 1935, "A estética de Hegel", 1951, "Introdução à estética de Tchernicheviski", 1952). De fato, desde então, Lukács se empenhou em tornar realidade a possibilidade de um pensamento estético marxista sistemático. E nessa investigação sistemática e rigorosa, que se prolongaria até o final de sua vida, o ponto cardeal da reflexão de Lukács eram exatamente as formas do realismo crítico (burguês). A grande literatura burguesa – em suas manifestações mais altas, de Walter Scott, Goethe, Balzac e Tolstói a Thomas Mann – aparecia-lhe como exemplar.

Justamente esse apego às formas "clássicas" do realismo o levou a recusar vigorosamente algumas concepções e inovações formais surgidas nos desenvolvimentos estético-culturais ulteriores, em especial as emergentes nas vanguardas artísticas dos anos 1920. Frente a tais vanguardas, Lukács adotou uma impostação de viés *conservador*, saliente nos calorosos debates que a emigração alemã travou, de 1936 a 1938, por meio da revista *A Palavra*. O centro da discussão era a avaliação do *expressionismo*, valorizado por Brecht e Bloch e duramente criticado por Lukács (que, em 1934, já explicitara suas posições no ensaio "Grandeza e decadência do expressionismo"). A polêmica logo derivou para a abordagem das técnicas compositivas modernas: enquanto

Brecht insistia em que a narração tradicional e o teatro de molde aristotélico não podiam servir à estética marxista, Lukács replicava que novas técnicas (como o monólogo interior, na literatura) só se validavam quando integradas na moldura do realismo – ou seja, quando não implicavam uma ruptura absoluta com a grande tradição dos clássicos. Ele o diz francamente em sua correspondência com Anna Seghers e notadamente no texto "Trata-se do realismo" (1938): assimiladas à herança realista, como em Thomas Mann, as inovações formais são legítimas e fecundas; caso contrário, como em James Joyce, são deletérias para a arte.

O realismo então postulado por Lukács ladeava, assim, importantes componentes da modernidade cultural – não era capaz, por exemplo, de incorporar Marcel Proust e Franz Kafka, que só no fim da vida Lukács trataria com cuidado e simpatia. Muitos desses componentes eram referidos pelo pensador húngaro como viciados pela *decadência*, tendência de vulgarização e capitulação ideológica operante na sociedade burguesa desde que o proletariado se convertera em *classe para si* (1848). Esse conceito de decadência, bem trabalhado por Lukács num ensaio de 1938 ("Marx e o problema da decadência ideológica"), favoreceu o reforço de suas colocações de viés conservador, e decerto reduziu sua sensibilidade em face da arte contemporânea.

Aquilo que vários estudiosos chamam de "conservadorismo estético" de Lukács foi potenciado pela sombria atmosfera cultural da autocracia stalinista. Em todo esse período, aliás, algumas intervenções teóricas e críticas de Lukács se ressentem, de algum modo, do clima irrespirável que a dogmática impôs aos críticos marxistas. Há momentos em que a reflexão de Lukács se enrijece, perde seu traço compreensivo e chega mesmo a formulações pouco

58 / Lukács: uma introdução

compatíveis com a largueza de suas vistas, como constatam seus críticos especialmente em dois ensaios de 1934: "Arte e verdade objetiva" e "Nietzsche como precursor da estética fascista".

A derrota do nazifascismo, o fim da guerra, a libertação da Europa, a opção de vários povos e países pela via da transição socialista – tudo isso abre um parêntese nesses tempos difíceis. Enfim, Lukács pode regressar à pátria, ela também se restaurando na perspectiva da construção de uma nova sociedade. Chega a Budapeste em agosto de 1945 e começa a exercer atividades de grande ressonância pública: elege--se membro do Parlamento, assume a cátedra de Estética e Filosofia da Cultura na universidade da capital e ingressa na Academia Científica da Hungria. O reencontro com a pátria é também o reencontro com sua língua: depois de vinte anos – sua última obra editada em húngaro fora o *Lênin* (1924) –, volta a publicar em seu idioma: em 1944, já saíra à luz "A responsabilidade dos intelectuais" e, a partir de então, editam-se em Budapeste inúmeros livros seus.

Nos três/quatro anos que se seguem ao fim da guerra, tempo da duração desse parêntese, Lukács participa ativamente da vida cultural europeia. Em setembro de 1946, vai à Suíça: no I Encontro Internacional de Genebra, polemiza asperamente com Karl Jaspers (seu amigo dos tempos de Heidelberg), profere a conferência "Concepção aristocrática e concepção democrática do mundo", em que aborda a crise do liberalismo e afirma que a única alternativa para a democracia é deixar de "ser apenas uma forma política e jurídica do Estado" para converter-se "num modo de vida concreto para o povo". Viaja por vários países, proferindo palestras e conferências e, em dezembro de 1947, numa reunião de filósofos marxistas, em Milão, discorre sobre "As tarefas da filosofia marxista na nova democracia". No ano seguinte, é um dos fundadores do Conselho Mundial da Paz e, em 1949, intervém, em Paris, no conclave que se dedica aos "Novos problemas da pesquisa hegeliana".

É desse período o livro *Existencialismo ou marxismo?*, primeira tentativa séria, por parte dos marxistas, de compreender o significado do existencialismo francês (Jean-Paul Sartre, Simone de Beauvoir e Maurice Merleau-Ponty) – caracterizando-o como uma vertente do *irracionalismo* moderno, Lukács demonstra sua *incompatibilidade* com o marxismo. Considerada a ulterior evolução dos existencialistas franceses (notadamente Sartre), o texto lukacsiano envelheceu, mas seu último capítulo, em que o autor reflete sobre a categoria da *totalidade* e a *teoria do reflexo*, é um marcante exemplo da capacidade de Lukács de retomar uma antiga temática sua e submetê-la a um tratamento novo. E ao debate com Sartre ele voltaria, trinta anos depois, na *Ontologia do ser social*.

Nesses anos, é intensa sua produção intelectual, concomitante à reedição, em livro, de escritos do exílio moscovita. Sai em 1946 o texto "Poesia de partido", no qual Lukács rechaça a ideia stalinista do poeta como um soldado do otimismo: "Pertence à liberdade do poeta o direito de se desesperar [...]. O poeta de partido [...] é sempre um guerrilheiro". Em 1947, no ensaio "Arte livre ou arte dirigida?", o filósofo, recusando uma política cultural administrada, considera a "arte dirigida" uma palavra de ordem equivocada e esclarece: "Nenhuma 'regulamentação', nenhuma 'instituição' e nenhuma 'direção' pode imprimir uma nova tendência à evolução artística. Só os próprios artistas são capazes de fazê-lo, sem que, naturalmente, sejam independentes da transformação da vida, da sociedade".

Percebe-se sem dificuldade que o empenho de Lukács, nesse momento, é o de vincular a cultura às novas experiências sociopolíticas que florescem no desdobramento da derrota do nazifascismo. Essa preocupação com uma política cultural democrática – expressa também no projeto da revista *Forum*, que ele criou em 1946 –, inscrita numa firme defesa de uma reorganização social fundada na democracia, insere-se no quadro da efervescência social vivida pelos países recém-libertados do capitalismo. A ruptura com a via capitalista colocava em pauta a reorganização da sociedade na via da transição socialista. Lukács observa com grande simpatia o experimento iugoslavo liderado por Tito e, num sugestivo ensaio de 1946, "Literatura e democracia", defende a *nova democracia* como realidade cotidiana: uma *democracia popular* que desenvolva "ao máximo a democracia direta como fundamento para a prática da vida".

Mas o parêntese nos tempos difíceis estava prestes a fechar-se. À emergência da Guerra Fria corresponde o canto de cisne da autocracia stalinista: a partir de 1948/1949, os aparelhos estatais-partidários dos países em processo de transição socialista se enrijecem (à exceção da Iugoslávia) – uma vaga de repressão sacode a União Soviética e os novos Estados e é particularmente dura na Hungria, onde dirigentes são presos e executados (László Rajk, ex-secretário geral do Partido Comunista e ex-ministro de governo, acusado de "titoísmo", é liquidado em setembro de 1949). Em Budapeste, a estrela ascendente é a de Mátyás Rákosi, hábil e sinistra figura burocrática.

O filósofo torna-se, então, um alvo privilegiado para os discípulos de Stálin: em junho de 1949, abre-se o *caso Lukács* – a revista oficial do Partido Comunista húngaro volta suas baterias contra ele, em artigo assinado por um velho adversário, László Rudas. Em agosto, Lukács esboça, sob coação, uma autocrítica; como os donos do poder a julgam "meramente formal", desfecha-se contra ele uma campanha de descrédito ideológico, orquestrada por um antigo camarada, József Révai, alçado ao Ministério da Educação e Cultura, e por Mihály Horváth. A partir de 1950, a pressão é irresistível: a revista *Forum* é fechada e Lukács obrigado a abster-se de atividades públicas. Os ataques prosseguem até 1953 – entre outras monstruosidades, acusa-se o filósofo de "revisionismo", "cosmopolitismo", "desvios de direita", "titoísmo" e de haver... "caluniado Lênin"!

Limitado ao trabalho universitário, que logo depois lhe é proibido, e sob severa vigilância, Lukács apenas formalmente recua. Ainda em 1951, no auge da pressão, numa conferência sobre as "teses linguísticas" de Stálin (depois publicada sob o título "Literatura e arte como superestrutura"), vale-se das "citações protocolares" para, de fato, contestar o esquematismo mecanicista do secretário-geral. Sob todos os constrangimentos que lhe impõem, Lukács dirige a sua energia para a redação de um alentado e substantivo ensaio, constitutivo da obra que seria publicada em 1954: *A destruição da razão*.

Desde a ascensão de Hitler, um dos problemas centrais de Lukács era compreender como o nazifascismo pôde galvanizar precisamente a Alemanha, com suas ricas tradições culturais. Em 1933/1934, escreveu páginas e páginas sobre a questão; em 1943, reaproximou-se dela, tematizando o *prussianismo*; mas sua conclusiva resposta veio em *A destruição da razão* – uma ciclópica tentativa de "assinalar o caminho seguido pela Alemanha, no terreno da filosofia, até chegar a Hitler".

Apontando que a raiz histórica da tragédia alemã reside em seu processo de formação nacional (a *via prussiana*), Lukács situa a Alemanha como o "país clássico do irracionalismo", que toma seus traços modernos a partir de Nietzsche. Segundo ele, a função social dessa vertente intelectual, voltada contra o materialismo e a dialética, e própria da decadência ideológica da burguesia na etapa imperialista, é promover a *apologia indireta* do capitalismo. Nessa ótica, Lukács repassa toda a elaboração cultural alemã, entre a afirmação tirânica da Prússia e a Segunda Guerra Mundial, responsabilizando, entre muitos, Simmel e Weber, Mannheim e Heidegger, pela preparação ideológica do clima no interior do qual pôde se instaurar e medrar o obscurantismo fascista.

O livro foi pessimamente recebido pela crítica – Adorno, por exemplo, comentou desdenhosamente: "*A destruição da razão* revelou apenas a destruição da razão do próprio Lukács". Com efeito, trata-se de uma obra em que a erudição lukacsiana paga seu maior tributo à atmosfera intelectual da Guerra Fria e da autocracia stalinista: o pensamento move-se frequentemente sobre um pano de fundo maniqueísta, a linguagem é por vezes rasteira. No livro, há problemas, especialmente localizáveis no lamentável epílogo, em que o tom se degrada à quase propaganda. E Lukács restringe os adversários teóricos do materialismo histórico e dialético aos irracionalistas, sem atentar, como faria depois, para os riscos contidos no racionalismo formal das tendências neopositivistas. No entanto, malgrado todas essas limitações, o texto merece uma leitura crítica: expurgado de suas deformações, pode-se inferir dele fecundos elementos para uma história moderna da cultura burguesa.

Quando se publica *A destruição da razão,* os ventos começam a mudar no Leste Europeu. A morte de Stálin

(1953) abre o processo do colapso da autocracia, que terá um ponto alto no XX Congresso do PCUS (fevereiro de 1956) – e a denúncia do "culto à personalidade" logo chega à Hungria. O Partido Comunista húngaro se agita. Em março de 1956, cria-se um foro livre de debates, o *Círculo Petöfi*: nele, em junho, Lukács rompe o silêncio a que fora obrigado e reclama a democratização do país. Em agosto, lidera o grupo que funda a revista *Tomada de Posição* – em suma, retorna à intervenção pública.

A sociedade húngara se mobiliza e o governo tem reduzida sua atividade repressiva – a Lukács não se impedem mais viagens ao exterior e até se lhe concedeu o Prêmio Kossuth, maior homenagem pública húngara, na passagem de seu septuagésimo aniversário. Modificações ocorrem na cúpula do aparelho estatal-partidário: Rákosi é substituído por Ernő Gerő, que não responde às reivindicações democratizantes. Em outubro, a crise explode: o Partido Comunista derrete como sorvete ao sol e comunistas experientes criam uma comissão para reconstruí-lo; Lukács participa dela, que não tem tempo para agir: a precipitação dos acontecimentos praticamente altera o quadro político favorecendo as forças sociais democráticas – o governo passa às mãos de Imre Nagy, que convoca Lukács para participar de seu ministério. A 24 de outubro, Lukács assume o cargo que de fato ocupara em 1919, o de Ministro da Educação e Cultura. Mas logo se demite, por discordar do apelo de Nagy às potências ocidentais para defender seu governo. O quadro se deteriora rapidamente e, a 4 de novembro, as tropas do Pacto de Varsóvia intervêm brutalmente na Hungria. No bojo de uma repressão considerável, Lukács escapa do pior – é deportado para a Romênia. Fica nesse país até abril de 1957, quando o governo húngaro autoriza seu retorno.

Sob János Kádár, a Hungria começa a se "normalizar". Lukács regressa, não pronuncia nenhuma autocrítica, reclama seu direito de ingressar no Partido Comunista que está se reconstruindo (só seria atendido dez anos depois...), sua cátedra não lhe é restituída e ele se vê obrigado a manter-se fora de qualquer atividade política. Mas é objeto de outra campanha oficial de descrédito ideológico: iniciada em fins de 1957 pelo novo ministro da Educação e Cultura, Jószef Szigéti (seu ex-aluno), prolongar-se-ia por cerca de três anos e estender-se-ia a quase todos os países socialistas, à exceção da Iugoslávia.

Lukács, contudo, não se curva aos ataques. Mantém-se sereno: tem a clara consciência de que, depois do XX Congresso do PCUS, os tempos são outros – e, por isso, aposta no trabalho e no futuro. Além do mais, seu já consolidado prestígio internacional permite-lhe quebrar as muralhas inicialmente erguidas em torno de sua voz. E ele passa a contrabandear materiais seus para o exterior. É assim, por exemplo, que, entre 1957 e 1958, saem dois livros seus na Itália: *Introdução a uma estética marxista* e *Contra o realismo mal compreendido*.

Este último é um ensaio destinado a desfazer equívocos acerca do problema do realismo: Lukács sustenta, mais uma vez, que o realismo não é um dogma estilístico, mas um processo compositivo que determina a criação de *símbolos* (ao contrário das propostas antirrealistas e vanguardistas, que se estruturam com *alegorias* a-históricas) – ele retoma sua reiterada polêmica contra a arte de vanguarda (James Joyce, Robert Musil e Franz Kafka), na insistência da validez, estética e sócio-histórica, do realismo crítico.

Introdução a uma estética marxista é uma densa súmula histórica da categoria da *particularidade*, passando por Kant e Hegel e terminando nos clássicos do marxismo. Lukács vê no *particular*, campo de mediações entre o universal e o singular, o espaço específico da configuração artística autêntica, âmbito no qual se pode erguer a *tipicidade*. Fundando na particularidade a essência do estético, avança para determinar questões correlatas da elaboração artística: a relação conteúdo/forma (em que, para ele, o primeiro termo é o condicionante), o estilo, a técnica, a maneira etc.

No fim do ciclo da autocracia stalinista, essas duas obras são significativas. No fecho daqueles tempos de sombras, também Lukács encerra um largo momento de sua reflexão e inaugura um novo patamar no processo de seu pensamento. Em *Contra o realismo mal compreendido*, tem-se sua derradeira apreciação unilateral da arte de vanguarda – daí para a frente, os juízos lukacsianos serão mais cautelosos e prudentes. No outro livro, anuncia-se a grande construção de que ele se ocuparia nos anos seguintes – a sua monumental *Estética*.

Talvez seja ilustrativo, registrando essas mudanças, recordar que, em agosto de 1956, com a crise húngara já nas ruas, Lukács tenha podido se deslocar para a Alemanha, convidado pela companheira de Brecht, para fazer o elogio fúnebre do notável dramaturgo. Mudados os tempos, dois oponentes de outrora – eles também muito mudados: o grande Camões já sabia que *mudam-se os tempos, mudam-se as vontades* – encontravam-se simbolicamente.

Em 9 de abril de 1948, na sede do Partido Comunista da Hungria, Lukács profere conferência sobre a organização política e a cultura.

5
O guerreiro sem repouso

Aos 72 anos, desvinculado pela primeira vez (desde que nele ingressou) do Partido Comunista, compulsoriamente recolhido à vida privada e alvo de mais uma campanha de descrédito ideológico, Lukács pareceu afastado da cena cultural – de 1958 a 1961, sua bibliografia não registra títulos expressivos.

Somente a 8 de fevereiro de 1962 essa postura reservada é rompida: Lukács envia a Alberto Carocci, editor da revista italiana *Novos Argumentos,* uma longa missiva, conhecida como "Carta sobre o stalinismo". Em poucas páginas, o pensador faz um sintético balanço da autocracia stalinista. Criticando desde logo sua caracterização como um simples produto do "culto à personalidade" de Stálin, Lukács visualiza no cerco capitalista à experiência revolucionária e nas particularidades do processo histórico russo as causas das deformações geradas na União Soviética ao desenvolvimento socialista.

Sua atenção dirige-se especialmente para o entendimento da problemática cultural daquele período. Lukács assinala que, sob Stálin, ao contrário da orientação lenineana, as necessidades táticas imediatas subordinaram a elaboração teórica e paralisaram o pensamento marxista, submetendo-o a exigências rasteiramente pragmáticas e imediatistas.

Lukács considera o stalinismo sobretudo como um *método* que, em política, opera o *oportunismo taticista* e, na cultura, a gestão burocrática que promove o *dogmatismo*.

O filósofo endossa muito da crítica levantada por Nikita Kruschev nos XX e XXII Congressos do Partido Comunista da União Soviética (realizados respectivamente em 1956 e 1961) e, embora continue a reconhecer em Stálin um grande dirigente político, sustenta que "a exigência do nosso tempo é a de que o socialismo se liberte das cadeias dos métodos stalinianos".

A "Carta sobre o stalinismo" tanto critica os procedimentos da direção política daquela autocracia quanto torna explícita a simpatia para com as providências reformadoras de Kruschev, elogiado por Lukács sobretudo na questão da coexistência pacífica. Simpatia que está presente em dois outros textos marcadamente políticos de Lukács, divulgados em seguida: "Contribuição ao debate entre a China e a União Soviética" (1963), no qual o maoismo é abordado como uma derivação sectária (neo)stalinista, e "Problemas da coexistência cultural" (1964), em que o filósofo procura situar a relação do marxismo com as ideias desenvolvidas no mundo capitalista. É nesse escrito, aliás, que Lukács formula a proposta em que mais insistiu em seus últimos anos: "Tanto para a teoria quanto para a prática dos comunistas, o que está na ordem do dia é a exigência de uma assimilação crítica, por parte do marxismo, daquilo que aconteceu de novo após a morte de Lênin, isto é, das transformações estruturais e das tendências de desenvolvimento da vida social que se definiram nas últimas décadas. Há novos fenômenos de massa que não podem ser resolvidos com o apelo a Marx e a Lênin".

Esta será uma das teses mais repetidas por Lukács nos seus anos derradeiros: os clássicos – Marx, Engels e Lênin –

são *necessários*, mas *insuficientes*. A compreensão do mundo da segunda metade do século XX exige novas investigações, pesquisas sobre os fenômenos inéditos colocados pelo desenvolvimento contemporâneo do capitalismo e pelas experiências diferenciadas da transição socialista. Em face deste mundo, já não basta invocar as lições dos clássicos: é preciso avançar com análises particulares, estudos concretos. Essa preocupação de Lukács com a precariedade dos esquemas marxistas de explicação da realidade atual expressa-se com força em sua observação segundo a qual torna-se imprescindível escrever um novo *O capital* para dar conta dos processos e fatos novos ocorrentes no capitalismo tardio. Reiteradas vezes, ele se referiu a esse necessário e possível desenvolvimento do legado dos clássicos como o "renascimento do marxismo".

Quando aqueles dois ensaios vieram à luz, Lukács já publicara a primeira (e única concluída) das três partes que projetara para sua *Estética*, que chamou de *A peculiaridade do estético* (1963). O esforço dedicado à redação dessa obra justifica, em boa medida, o silêncio lukacsiano de 1958 a 1961: é nesse período que o pensador concentra todas as suas energias para escrever a suma de sua reflexão estética.

A peculiaridade do estético (mais frequentemente citada como *Estética I* ou simplesmente *Estética*) merece, por várias razões, um cuidado especial. Em primeiro lugar, trata-se da mais ambiciosa tentativa de construir, em nome do marxismo, uma *estética sistemática*, ou seja, uma teoria abrangente e articulada das manifestações artísticas, teoria capaz de esclarecer, na sua essencialidade, a *peculiaridade* da arte no conjunto das criações do ser humano. Nenhum outro pensador marxista do século XX empreendeu um trabalho de dimensões e pretensões semelhantes

– e, na tradição filosófica do Ocidente moderno, o projeto lukacsiano só encontra paralelismo na estética de Hegel.

Em segundo lugar, a *Estética* revela os procedimentos intelectuais de Lukács no ocaso de sua reflexão. Com efeito, ao lado do empenho em resgatar as inspirações dos clássicos, tão deformadas pela paralisia que o stalinismo impôs ao pensamento comunista, constata-se em Lukács um movimento de recuperação de suas próprias temáticas. Na *Estética,* ele recoloca questões que frequentaram sua obra anterior e posterior a 1918/1919: no texto, reaparecem os problemas de que sempre se ocupou em face da arte e da literatura. Essa *continuidade* não oculta mudanças de enfoque: a *Estética* é *original* pelo enquadramento a que submete mesmo os tratamentos que já desenvolvera em muitos de seus escritos precedentes. Na verdade, ela configura o último estágio intelectual de Lukács – o repensamento de todas as suas ideias. E essa é a intenção explícita do autor: a obra, a que seguir-se-ia uma Ética que não foi escrita, seria um primeiro produto de uma síntese de *toda a sua evolução ético-filosófica*.

Entretanto, é a arquitetura mesma dessa obra que deve atrair a atenção do estudioso. Se o plano em que nosso autor opera é altamente abstrato, seu ponto de referência é sempre a *vida social cotidiana* – Lukács elabora mesmo uma *teoria da cotidianidade*. Ele considera que, a partir da cotidianidade, o ser humano – *ser que sempre dá respostas* – cria estruturas (inclusive e sobretudo simbólicas) de comportamento prático vinculadas a objetivações de seu ser social. Inicialmente, tais objetivações, relacionadas à produção e à reprodução da vida social, são indiferenciadas, como o prova a *magia*; ao cabo de uma larga evolução histórica, elas se distinguem, constituindo constelações peculiares – e aquelas cujo contorno é mais nítido são a *arte* e a *ciência*.

Segundo Lukács, a peculiaridade do estético pode ser apanhada especialmente no confronto com a ciência. Arte e ciência têm um denominador comum: ambas refletem a realidade, produzem um *conhecimento*. Diferencia-as a natureza e as modalidades desse conhecimento. A ciência procura reproduzir, abstratamente, no plano do pensamento, as relações e processos ocorrentes na realidade (natural e social) tais como eles são em si mesmos; isto é, a dinâmica do conhecimento científico busca apreender as conexões reais em sua efetividade, sem nenhuma incidência, nelas, de sentidos e significados postos pelo sujeito que pesquisa. Assim, o conhecimento que a ciência persegue se situa no âmbito da *universalidade* e tende à máxima *desantropomorfização* (vale dizer: tende, na máxima escala, a reduzir a influência dos aspectos "humanos" na apreensão dos fenômenos). Já o conhecimento que a arte oferece, operando não por meio de conceitos, mas de imagens sensíveis, processa-se no âmbito da *particularidade* e está diretamente referido ao sujeito, ao ser humano; a arte reproduz – ela possui uma essência *mimética* – o real não como ele é *em si*, mas como um *para nós*. O conhecimento produzido por ela, pois, tende à máxima *antropomorfização*. À base dessa linha de reflexão, Lukács estabelece o que se lhe afigura o caráter antitranscendental de toda arte: o *humanismo* que lhe é inerente resulta sempre numa imanência antiutópica. Por isso mesmo, a função *desfetichizadora* da arte, dissolvente das alienações, mostra-se como *autoconsciência do desenvolvimento da humanidade*.

Fundada nessa argumentação, a peculiaridade do estético, Lukács explora todas as dimensões e consequências do fenômeno artístico. Não é possível reproduzir, mesmo que a largos traços, os passos mais importantes dessa elaboração teórica lukacsiana. E isso, em primeiro lugar, porque uma síntese da *Estética* exigiria uma referência às *categorias gerais* da razão dialética com as quais Lukács trabalha, num amplo elenco que compreende a totalidade, as mediações, a aparência e a essência, a práxis, a objetividade etc. Em segundo lugar, pela *riqueza das categorias específicas* com que joga o pensamento de Lukács: um novo sentido, por exemplo, é atribuído à noção aristotélica de *catarse*, criam-se determinações teóricas originais, como a de *meio homogêneo*, e o conjunto conceitual anteriormente afinado pelo próprio Lukács (gêneros, realismo, alegoria, símbolo, conteúdo, forma etc.) é inteiramente rearticulado, inserindo-se num rigoroso *corpus* dialético. Por fim, porque o procedimento analítico da investigação lukacsiana se remete, simultaneamente, à gênese e ao desenvolvimento interno dos processos que estuda, perfilando-se, portanto, como um *método histórico-sistemático*.

Como se deduz, a leitura da *Estética* implica um razoável esforço intelectual. De fato, ela coloca o leitor diante de uma das obras mais inclusivas e complexas produzidas no interior do pensamento comunista depois de Marx. Todavia, esse é um esforço que vale a pena: a argúcia das análises, a finura dos argumentos e a abundância das informações culturais contidas na *Estética* constituem uma fonte inesgotável de sugestões e hipóteses para a compreensão da arte.

Mesmo sem ter seu seguimento nas duas outras partes originalmente planejadas, a *Estética* sustenta-se autonomamente como a culminação da obra lukacsiana. E não apenas porque nela se retomam os temas e os problemas que acompanham a reflexão de Lukács desde sua juventude, mas porque os amplia e enriquece de forma significativa.

De um lado, o filósofo ultrapassa as fronteiras da literatura, objeto principal de seus interesses: na *Estética*, ele procura determinar também a especificidade da música, da escultura, da arquitetura e do cinema; de outro, Lukács, para fundamentar a peculiaridade do estético, desenvolve formulações que dão conta de diferentes instâncias e planos da vida social (pode-se afirmar que a *Estética* contém teorias acerca da cotidianidade, da ciência e da religião).

Publicada a *Estética*, seu autor volta ao centro da vida cultural europeia. A partir de 1963/1964, Lukács retorna como um interlocutor obrigatório das correntes intelectuais progressistas e o diálogo com suas ideias, bem como a tomada de posição em face delas, torna-se cada vez mais inevitável. Alcança êxito a edição de suas *Obras completas*, em curso desde 1962 pela casa alemã Luchterhand; multiplicam-se as traduções de seus livros em todo o mundo; e há uma crescente demanda de seus juízos sobre as mais variadas temáticas, da filosofia à conjuntura internacional – depois de 1964, são inúmeras as entrevistas que ele concede a personalidades e jornalistas de todos os continentes.

Mas se se rompe o silêncio em torno de sua obra, se se avolumam as manifestações críticas (positivas e negativas) diante de seu trabalho, não se reduzem a solidão e o isolamento que o envolveram desde os acontecimentos húngaros de 1956 – e que se agudizaram quando da morte da esposa (em 28 de abril de 1963), golpe que o afetou duramente. Mesmo o reconhecimento internacional de sua grandeza como pensador (evidenciado em premiações e concessões de títulos acadêmicos), a que é paralela uma mudança favorável das autoridades húngaras frente a ele nos meados da década de 1960, não reduz o caráter solitário de sua existência nesses anos. E nem sequer a formação, tendo por eixo sua pessoa, da "escola de Budapeste" (Ágnes Heller, Ferenc Fehér, György Markus e Mihály Vajda) atenua seu isolamento intelectual – já antes de sua morte, os discípulos revelariam o distanciamento teórico que depois de seu falecimento se converteria em franca ruptura.

É claro que essa solidão se relaciona à personalidade de Lukács, a seu rigorismo pessoal, à inflexibilidade de seus princípios, a sua opção por uma vida quase ascética. Sob esse ângulo, é revelador o testemunho de Heller, aluna e colaboradora antes de romper com as ideias daquele que, em vida, ela admirava como mestre: "No modo de viver de Lukács [...] existiam aspectos que tive de rejeitar, ainda que com um sentimento de sincera compaixão: sua dedicação absoluta às questões 'do espírito', à teoria e à política, que era acompanhada por uma absoluta negligência em face da vida e das experiências diárias; sua fé irônica, mas firme, no fato de que as mais altas 'enteléquias' – e somente elas – merecem a imortalidade; sua incapacidade de expressar as próprias emoções e de abrir seu coração; sua solidão existencial; sua 'objetividade' que chegava até mesmo à crueldade consigo próprio [...]. Frequentemente, me vi tentada a tratar este homem genial como uma criança indefesa".

A solidão lukacsiana, porém, não pode ser debitada somente a suas características pessoais. Num filósofo de seu porte, em que se registra uma impressionante coerência entre o vivido e o pensado, há estreita relação entre a vida e a obra. E o isolamento existencial e intelectual do último Lukács está vinculado a seu projeto derradeiro, a sua entrega total para contribuir originalmente com o "renascimento do marxismo".

Na sequência da reflexão que se coroa na *Estética*, ele se propõe a redação de uma Ética, para a qual nos deixou apenas um largo rol de notas. Lukács não avançou na formulação dessa obra porque considerou que ela só poderia ser elaborada a partir de uma rigorosa fundamentação ontológica. Por isso, concluída a *Estética*, todos os seus cuidados dirigem-se para escrever a obra que só concluirá poucas semanas antes de morrer e cuja publicação integral é póstuma: a *Ontologia do ser social*.

O perfil dessa obra foi se definindo gradualmente e na metade dos anos 1960 já pode ser apreendido nas importantes entrevistas que, em setembro de 1966, ele concedeu a Hans Holz, Wolfgang Abendroth e Leo Kofler (coligidas no volume *Conversando com Lukács*).

A ambição do filósofo é – prosseguindo em sendas percorridas diferencialmente por gigantes da cultura ocidental: Aristóteles, Hegel e Marx – apreender o processo de constituição da sociedade; mais exatamente: ele quer reconstituir filosófico-teoricamente o modo de ser, produzir-se e reproduzir-se da sociabilidade humana. Ele entende a ontologia do ser social como apreensão da modalidade real e concreta do ser social, de sua complexidade, de sua estrutura e de seu movimento.

Justamente nessa pesquisa está a raiz do isolamento intelectual de Lukács na segunda metade dos anos 1960: *a preocupação ontológica* é estranha à *modernidade filosófica*. Se a essencial dimensão ontológica da obra de Marx foi obscurecida no marxismo do século XX, também a maioria dos filósofos de meados do século XIX e do inteiro século XX (neste último, salvo o caso excepcional de Nicolai Hartmann) desprezou a ontologia, mistificou-a num quadro tendencialmente irracionalista (por exemplo, Heidegger) ou mesmo a excluiu de seu horizonte em suas vertentes positivistas e neopositivistas (o racionalismo formal da filosofia analítica, de Wittgenstein, do "Círculo de Viena" e do estruturalismo). Em poucas palavras: a fundamentalidade que Lukács confere à pesquisa ontológica contraria frontalmente as tendências filosóficas contemporâneas.

O filósofo remará contra a corrente: além de renovar as críticas à herança ideológica do stalinismo, prosseguirá batalhando contra o irracionalismo e abrirá uma nova frente de luta, tendo por alvo o neopositivismo. A *Ontologia do ser social* é o resultado final do último combate desse guerreiro que não teve nenhum repouso – para elaborá-la, já octogenário, trabalhava diariamente por cerca de dez horas. As imensas dificuldades para erguer uma obra de tal magnitude e complexidade levaram-no a expor suas ideias em dois movimentos sucessivos: produziu, primeiro, um longo texto em que o tratamento de seu objeto vinha em dois planos distintos – o histórico e o sistemático (alguns de seus estudiosos designaram essa elaboração como "a grande *Ontologia*"); em seguida, insatisfeito com essa forma expositiva, num segundo movimento redigiu outro manuscrito (a "pequena *Ontologia*"), intentando uma formulação final sintetizadora. Na edição a que o leitor brasileiro pode recorrer, a resultante do primeiro movimento constitui os dois volumes intitulados *Para uma ontologia do ser social*; do segundo, saiu um volume único sob o título *Prolegômenos para uma ontologia do ser social*. Há diferenças *expositivas* – detalhamentos e ênfases são diversos, determinados desenvolvimentos foram suprimidos ou apenas aludidos, certas questões foram minimizadas, outras mais exploradas – entre a "grande" e a "pequena *Ontologia*", porém nenhuma delas substantiva; por isso, aqui não cabe mais que uma brevíssima alusão à "grande *Ontologia*".

A primeira parte da obra consiste numa análise histórica do tratamento filosófico conferido à ontologia. Por meio de cortes sucessivos, Lukács estuda a problematização ontológica em Hegel, Marx, Nicolai Hartmann e nos existencialistas e neopositivistas. A segunda parte procura elaborar sistematicamente a ontologia social, examinando as conexões entre necessidade (causalidade) e liberdade (teleologia). A tese central é a de que o *processo do trabalho*, modelo da *práxis*, instaura a *relação sujeito/objeto*, fundando a *teleologia* (a determinação e a previsão da finalidade, dos objetivos, inexistente na natureza), de que decorre a alternativa da *liberdade* (categoria específica e só pertinente ao ser social).

Na segunda parte da *Ontologia*, a mais longa e mais criativa, é que Lukács, concebendo a sociedade como um "complexo constituído de complexos", examina os "complexos de problemas mais importantes": o trabalho, a reprodução, o ideal e a ideologia, o estranhamento... Também é nessa parte que se volta para os novos processos sociais e fenômenos ideológicos para os quais não se encontra solução nos clássicos – por exemplo, a *manipulação social* peculiar ao capitalismo tardio, as formas de alienação que surgem aí, bem como tangencia aquelas que comparecem nas sociedades que vivem a transição socialista.

A dedicação de Lukács ao trabalho na *Ontologia*, no entanto, não o confronta apenas com os problemas que não se colocaram para os clássicos. Insere-o na reavaliação de seu próprio passado teórico: na *Ontologia*, ele é levado a rediscutir sua anterior teoria da alienação, sua interpretação de Hegel e de Engels, sua análise de Lênin. O que confirma que a reflexão de sua velhice é um repensamento de toda a sua obra, num movimento simultâneo e dialético de continuidade e ruptura.

Essa característica se comprova ainda mais quando se examinam os novos prefácios que escreve para a reedição de suas obras e os breves textos de crítica e teoria literária que publica enquanto trabalha na *Ontologia*. No primeiro caso, é significativo o prólogo para *História e consciência de classe*, preparado em 1967: à base de suas preocupações ontológicas, Lukács critica duramente suas posições de 1923 e condena o historicismo abstrato de que padece a concepção de *práxis* que então defendia. No segundo caso, o material mais relevante são os ensaios que dedica às obras de Aleksandr Soljenítsyn, reunidos num pequeno volume, em 1970. Valorizando a produção do ficcionista russo até *O primeiro círculo* (obra de 1968 – o filósofo não pôde conhecer a "evolução" subsequente do romancista), Lukács redimensiona sua teoria do romance e formula uma nova teoria da novela. Nesse mesmo período, aliás, sem jamais deixar de apontar como exemplares as tradições do grande realismo crítico, ele reequaciona a questão da arte contemporânea, flexibilizando e matizando seus severos juízos sobre autores mais modernos e corrigindo seus equívocos na apreciação de Proust e Kafka, valorizando novos nomes da literatura contemporânea (Heinrich Böll, Elsa Morante e William Styron).

De fato, o velho Lukács não limitou seu esforço para dinamizar o "renascimento do marxismo" à *Ontologia*, elaboração teórico-filosófica verdadeiramente assombrosa para um ancião de mais de oitenta anos. A *dimensão da política* também retornou explicitamente a seu universo mental. A crítica profunda ao modo de vida do capitalismo tardio, sobre a base da análise de seu caráter manipulador, acompanha-se de uma crítica cada vez mais dura das realidades sociopolíticas dos países que faziam, no Leste Europeu, a experiência da transição socialista. Especialmente depois de 1968 – ano da revolta estudantil europeia e estadunidense e da intervenção do Pacto de Varsóvia na Tchecoslováquia –, Lukács se volta para a prática social imediata e expõe seus pontos de vista com crescente radicalidade.

O autor procura entender a rebelião dos jovens como um fenômeno novo e progressista: "Penso que esse movimento estudantil [...] é um fato extraordinariamente positivo, que deve ser compreendido como o produto da crise simultânea dos dois sistemas vencedores da Segunda Guerra: o stalinismo e o *American way of life*". E se recusa a catalogar como simples "esquerdistas" os radicais de maio de 1968: acredita que enquadrá-los a partir de citações de Lênin é um "erro total". Também participa da campanha mundial em defesa de Angela Davis, perseguida política nos Estados Unidos.

No que se refere aos países em transição socialista, na sequência da intervenção soviética na Tchecoslováquia (contra a qual, já reintegrado no Partido Comunista, protestou vivamente), sua esperança numa autorreforma de seu aparato político (como a esboçada por Kruschev) começa a colapsar. Em sua última entrevista, declarou: "Ainda não vi nenhuma reforma que tenha sido feita pelos burocratas". Afirma sem cautelas que a construção do verdadeiro socialismo depende diretamente da *democracia socialista*, que define, como já o fizera antes, como "uma democracia da vida cotidiana, tal qual apareceu nos conselhos operários de 1871, 1905 e 1917". Querendo aprofundar a discussão em torno da democracia socialista, redige um ensaio em que a relaciona ao leninismo, que oferece à apreciação do Partido Comunista húngaro; este lhe recomenda que não o publique imediatamente e Lukács aceita a sugestão (lembre-se que há pouco fora readmitido na organização). A publicação do texto integral só se deu postumamente, em

1985, constituindo o opúsculo "Demokratisiereung heute und morgen" ("Democratização hoje e amanhã" – vertido para o português como "O processo de democratização").

De qualquer forma, porém, sua crítica aos Estados pós--revolucionários nunca se alimentou de nenhuma concessão a nostalgias liberais ou formal-burguesas. Nesse sentido, sua postura não admite tergiversações: numa entrevista de abril de 1970, Lukács foi claro, contundente... e polêmico: "O pior socialismo é preferível ao melhor capitalismo".

Essa afirmação, feita no ocaso de sua existência, encerra com nobre coerência o ciclo de uma vida que se regeu pela recusa radical do mundo burguês. Uma recusa que percorreu caminhos sinuosos e vias nem sempre luminosas. Mas que permanece exemplar como fidelidade a uma opção jamais posta em dúvida: a ideia elementar, tomada de Engels e valorizada por Rosa Luxemburgo, de que a alternativa ao socialismo é a barbárie.

E a relevância desse exemplo não é reduzida, em nenhuma medida, pela modéstia de Lukács, numa de suas mais características autoavaliações: "Questão lateral e a que não posso responder é a de saber se a ponte que tentei lançar entre o passado e o futuro, para e através do presente, será realmente duradoura [...]. Se, nestes tempos desfavoráveis, não logrei estender mais que uma frágil ponte, um dia irão substituí-la por outra, sólida [...]. Eu, pessoalmente, me contentaria em conseguir facilitar a alguns homens, mesmo que a poucos, o caminho do passado ao futuro, neste confuso período de transição".

Ponte da Liberdade, sobre o rio Danúbio,
vista do apartamento de Lukács, em Budapeste.

Gertrud Bortstieber e Lukács no apartamento do casal em Budapeste, c. 1962.

Apêndice

Testemunhos e críticas

Expresso um profundo respeito para com Lukács em razão do sacrifício que realizou em defesa de suas convicções, pela vida severa que se impôs. E tenho igual respeito em face de seu trabalho intelectual. Neste, o que mais me sensibiliza é o sentido de tradição e continuidade que preside à sua obra. – *Thomas Mann*

A força atrativa que emanava dos artigos e livros de Lukács procedia de outra fonte: sentíamos que esse homem pretendia mostrar-nos a realidade em seu processo revolucionário. – *Anna Seghers*

Lukács simplifica a unidade dialética de arte e ciência, convertendo-a em uma simples identidade, como se as obras de arte apenas antecipassem, por meio da perspectiva, algo que, a seguir, as ciências sociais recolheriam corajosamente. – *Theodor W. Adorno*

Lukács refez, por sua própria conta, todo o caminho da filosofia clássica alemã. – *Lucien Goldmann*

A obra de Lukács, em termos gerais, aproxima-se, muito mais do que sugerem os títulos de seus livros e as modestas advertências de seus prefácios, a uma ampla história da filosofia e da literatura dos dois últimos séculos. – *Wolfgang Harich*

Lukács é o Marx da estética. – *Peter Ludz*

A originalidade do método de análise literária de Lukács é a perfeita integração da perspectiva sócio-histórica com a perspectiva estritamente estética. – *Nicolas Tertulian*

Lukács é o teórico marxista mais importante da estética e da literatura no século XX. – *Sara Sefchovich*

Lukács foi o único grande crítico literário stalinista. – *Isaac Deutscher*

O realismo defendido por Lukács diferia essencialmente do ideal artístico stalinista. – *Jürgen Rühle*

Entre os massacres políticos e civis de Stálin e os massacres intelectuais do filósofo húngaro só existe, na verdade, uma diferença de plano de experiência. Em minha lógica, são a mesma coisa. – *Piero Raffa*

Lukács e o stalinismo diferenciam-se como se diferencia o socialismo liberal do socialismo burocrático. Entre eles não existe nenhuma ligação. – *Leo Kofler*

Lukács é, depois de Marx, provavelmente o intelectual "tradicional" (com todas as implicações universitárias e/ou culturais) mais *importante* que passou para as fileiras do movimento operário. – *Michael Löwy*

Creio que não se estará longe da verdade se se afirmar que György Lukács (1885-1971), o filósofo marxista húngaro nascido em Budapeste, possui todos os requisitos para ser considerado – como eu pessoalmente o considero – o mais significativo pensador marxista do século XX depois de Lênin. – *Guido Oldrini*

Lukács – a personalidade mais marcante da cultura marxista contemporânea. – *Nicolas Tertulian*

Eu acreditava piamente em tudo o que Lukács dizia sobre artes plásticas, estética nas artes plásticas e naturalmente também sobre literatura. Entretanto, estive em Munique em 1926 e descobri as obras do grupo *Blaue Reiter,* os escritos e as pinturas do expressionismo, que me causaram enorme e profunda impressão. Ora, Lukács desprezava-os, designava-os como produtos de "nervos esfrangalhados de um cigano". "Nervos esfrangalhados de um cigano"! Foi então que comecei a duvidar da justeza de seu julgamento. Como sabemos, ele reagiria mais tarde da mesma forma a respeito de Joyce, Brecht, Kafka, Musil etc., classificados por ele como "arte decadente da burguesia tardia" e nada mais. – *Ernst Bloch*

"Sabes que isso é interessantíssimo!" – assim ele abre a conversa. E, a partir de então, é capaz de falar por horas e horas sobre um tema filosófico, político ou literário, e de forma mais viva, plástica e brilhante que quando escreve. Lukács é um dos maiores marxistas de nosso tempo, é um grande caráter. Admiro-o como mestre, aprecio-o pessoalmente e divirjo de muitas de suas teses estéticas. – *Ernst Fischer*

88 / Lukács: uma introdução

Lukács é tido, corretamente, como o fundador do marxismo ocidental. Mas, posteriormente, o próprio Lukács teve pouca influência no movimento que inspirou. Depois de *História e consciência de classe*, ele deixou, em grande parte, de ser um marxista ocidental. Embora constitua flagrante injustiça sugerir que o melhor de sua obra entre 1923 e, digamos, 1963 (data da publicação de sua admirável *Estética*) pactua com os crassos dogmas do marxismo-leninismo, a verdade é que Lukács se aproximou cada vez mais do que o marxismo-leninismo conservou do marxismo clássico. – *José Guilherme Merquior*

Tão somente de uma orgânica integração entre o materialismo histórico e o materialismo dialético pode resultar uma consideração histórico-sistemática (integral) da arte, ou seja, um desenvolvimento superior – porque *materialista* – da metodologia que Hegel inaugurou e desenvolveu em sua *Estética*. No interior do pensamento que se reclama de Marx, essa parece ser a característica diferenciadora fundamental de Lukács: ele foi o único, após Lênin, a compreender a fecundidade dessa integração e a fazer dela a pedra angular de seu pensamento filosófico, estético e crítico. – *Carlos Nelson Coutinho*

Lukács não foi nunca um intelectual marxista com certezas dogmáticas. A refundação do marxismo é constante no pensamento de Lukács. – *Antonino Infranca*

Os marxistas utópicos desenvolvem suas análises teóricas e sua práxis política considerando prioritariamente o nível fenomênico – por isso, deixam-se facilmente seduzir ou desalentar por qualquer leve mudança ao nível da conjuntura, vendo nela uma viragem histórico-universal decisiva. Igualmente superficial e colado ao fenomênico é o automatismo social-democrata, com sua propensão a identificar as conquistas econômicas e políticas imediatas com a autêntica emancipação humana. Frente a essa falsa alternativa, Lukács afirma: *tertium datur* – e essa terceira possibilidade superadora está dada pelo questionamento, livre de preconceitos, dos movimentos *essenciais* internos do ser social. – *Miguel Vedda*

Lukács permanece sempre fiel à perspectiva marxista da transformação socialista radical, mas em termos de referências temporais cada vez mais distantes. Não é de modo algum surpreendente, portanto, que a lacuna assustadora entre o "socialismo realmente existente" e sua visão da humanidade plenamente emancipada só possa ser coberta pelo postulado da ética como mediação. – *István Mészáros*

O octogenário pensador fez um esforço derradeiro para conciliar o final com o início [de sua "odisseia"]: fazer o marxismo renascer a partir de seu começo – os *Manuscritos econômico-filosóficos* de Marx, de 1844; com isso, buscava também voltar a seu próprio ponto de partida – o impetuoso início de sua odisseia marxista em *História e consciência de classe*. De fato, Lukács procurou repor – num registro teórico mais apurado – aqueles temas que o marxismo, segundo seus críticos, havia esquecido: a subjetividade, o indivíduo, a consciência, a interação social etc. Só que agora referidos à ontologia materialista, ao autodesenvolvimento do ser social. Lukács, em sua busca de coerência, não foi "o mais feliz dos homens", como atesta sua estoica e sofrida biografia. A morte, encontrando-o em febril atividade intelectual, interrompeu a viagem de volta às origens. Entretanto, a força de sua vasta obra, com tantos recomeços, é uma referência insubstituível para aqueles que desejam promover o renascimento do marxismo. – *Celso Frederico*

Breve cronologia de Lukács

1885 Nasce em Budapeste, no dia 13 de abril.

1902 Primeiros artigos publicados na imprensa húngara.

1904 Torna-se membro da Sociedade de Ciências Sociais; é um dos fundadores do grupo teatral Thalia.

1906 Conclui estudos de Jurisprudência na Universidade de Budapeste; lê poemas de Endre Ady.

1908 A Sociedade Kisfaludy premia seu trabalho *História da evolução do drama moderno* (publicado em 1911); envolve-se afetivamente com Irma Seidler.

1909 Doutora-se em Filosofia pela Universidade de Budapeste. Conhece Endre Ady.

1909/1911 Viaja pela Alemanha, França e Itália. Conhece Ernst Bloch e, em Berlim, é aluno de Simmel. Publica *A alma e as formas* (1910).

Cria, com Lajos Fülep, o periódico *Espírito*, que publica dois números.

1912/1915 Escreve *Cultura estética*.

Vai para Heidelberg, onde trava relações com Weber. Estuda a obra de Dostoiévski. Preocupa-se com questões éticas e estéticas. Conhece Ieliena Grabenko, sua primeira mulher. Regressa a Budapeste.

É ativo participante das reuniões do "Círculo Dominical".

1916 Publica *A teoria do romance*. Regressa temporariamente a Heidelberg.

1917 Retorna definitivamente a Budapeste. Com Karl Mannheim, Béla Fogarasi, Eugen Varga e Arnold Hauser, promove os encontros dominicais dos "Aficionados do Espírito". Publica "A relação sujeito-objeto na estética". Recebe com entusiasmo as notícias da Revolução de Outubro.

1918 Ingressa no Partido Comunista em 2 de dezembro.

1919 Participa ativamente da revolução húngara (março-agosto): torna-se vice-comissário do Povo para a Educação Popular; esmagado o movimento, resiste por algum tempo na clandestinidade; exila-se em Viena. O governo de Horthy, que o condenara à morte, exige de Viena sua extradição; vários intelectuais europeus se mobilizam contra a medida e impedem sua aplicação.

1920 É dirigente do Partido Comunista no exílio e coeditor da revista *Comunismo*. Passa a viver com Gertrud Bortstieber.

1921 Conhece Lênin.

1923 Publica *História e consciência de classe* que, no ano seguinte, é "condenado" pelo V Congresso da Internacional Comunista.

1924 Publica *Lênin: a coerência do seu pensamento*.

1925/1926 Publica uma resenha crítica sobre o trabalho de Bukhárin acerca do materialismo histórico.

Publica *Moses Hess e o problema da dialética idealista*.

Prepara uma defesa de *História e consciência de classe*, só publicada postumamente.

1929 Por três meses, vive na Hungria em regime de clandestinidade. Sua proposta política ao II Congresso do Partido Comunista, apresentada sob o pseudônimo de *Blum*, é derrotada e ele faz autocrítica.

1930/1931 Estagia no Instituto Marx-Engels-Lênin, em Moscou, onde se liga a Mikhail Lifschitz.

Tem acesso a textos até então inéditos do jovem Marx e de Lênin.

1931/1933 Vive em Berlim, vinculado à União dos Escritores Revolucionários Proletários. Intervém nos debates culturais dos comunistas, colaborando na revista *Virada à Esquerda*.

1933 Volta a Moscou, onde permanecerá até o fim da Segunda Guerra Mundial.

1934 Torna-se membro colaborador de instituições culturais soviéticas.

1936/1938 Polemiza com Bertolt Brecht e Ernst Bloch sobre a literatura moderna.

Redige *O jovem Hegel e os problemas da sociedade capitalista*.

1937 Conclui *O romance histórico*.

1941 É preso pela polícia política stalinista. Publica estudos sobre o *Fausto,* de Goethe.

1942-1945 Faz palestras (em alemão e em húngaro) para prisioneiros de guerra.

Regressa a Budapeste. Ocupa uma cadeira no Parlamento, assume uma cátedra na universidade e ingressa na Academia Científica da Hungria.

Vários textos seus são publicados na Hungria.

1946 Funda a revista *Forum* e participa do I Encontro Internacional de Genebra.

1947 Publica *Goethe e seu tempo* e *Literatura e democracia*.

Participa, em Milão, da Conferência Internacional de Filósofos Marxistas.

1948 Participa do Congresso Mundial dos Intelectuais pela Paz na Polônia, ao lado de Jorge Amado e Pablo Picasso, entre outros. Publica *O jovem Hegel e os problemas da sociedade capitalista* (na Suíça), *Existencialismo ou Marxismo?* e *Karl Marx e Friedrich Engels como historiadores da literatura*.

1949 Publica *Thomas Mann* e *O realismo russo na literatura universal*. O Ministério da Cultura húngaro abre contra ele uma campanha de descrédito ideológico, que extrapola as fronteiras da Hungria. Sob pressão, faz autocrítica.

1951 É forçado a abandonar a vida pública. Publica *Realistas alemães do século XIX*.

1952 Publica *Balzac e o realismo francês*.

1954 Publica *A destruição da razão, Nova história da literatura alemã* e *Contribuições à história da estética*.

1955 Recebe, pelo conjunto de sua obra, o Prêmio Kossuth.

É eleito membro da Academia Alemã de Ciências (Berlim).

1956 Cria o periódico *Tomada de Consciência*.

Até que eclode a rebelião húngara, faz viagens à Europa nórdica e ocidental.

É personalidade destacada da rebelião húngara, compondo a comissão de reconstrução do Partido Comunista e aceitando participar do governo de Imre Nagy, do qual logo se demite. Com a intervenção das tropas do Pacto de Varsóvia, é deportado para a Romênia.

1957/1958 Regressa a Budapeste; atividades públicas lhe são proibidas. Fora do Partido Comunista e da universidade, sofre nova campanha de descrédito ideológico, dirigida inclusive ao exterior. Publica *Introdução a uma estética marxista* e *Contra o realismo mal compreendido*. Remete secretamente ("contrabandeia") textos seus para o exterior.

1962 Publica a *Carta sobre o stalinismo*.

A editora Luchterhand (Neuwied/Berlim) começa a publicar suas obras completas.

1963 Morre-lhe a esposa. Publica a primeira parte da *Estética*.

1967 É readmitido no Partido Comunista.

1968/1969 Redige *O processo de democratização*.

Recebe o título de doutor *honoris causa* da Universidade de Zagreb.

1970 Recebe o Prêmio Goethe e o título de doutor *honoris causa* da Universidade de Ghent. – Publica *Solzenitsyn*.

1971 Mal é concluída sua *Ontologia do ser social,* falece, vítima de câncer, a 4 de junho; é sepultado uma semana depois, em Budapeste.

Manuscrito dos *Prolegômenos para uma ontologia do ser social*.
Arquivo Lukács, Budapeste.

Indicações bibliográficas

Quando este pequeno livro foi publicado pela primeira vez, em 1983, contavam-se nos dedos das mãos os estudiosos de Lukács no Brasil – e, compreende-se, a bibliografia de/sobre o filósofo em português era bem parca. À época, podia-se recorrer aos seguintes títulos: *Existencialismo ou marxismo?* (trad. José Carlos Bruni, São Paulo, Senzala, 1967); *Teoria do romance* (Lisboa, Presença, s. d.); *Introdução a uma estética marxista: sobre a categoria da particularidade* (trad. Carlos Nelson Coutinho e Leandro Konder, Rio de Janeiro, Civilização Brasileira, 1968); *Realismo crítico hoje* (trad. Hermínio Rodrigues, Brasília, Coordenada, 1969) (trata-se da tradução de *Contra o realismo mal compreendido*); *História e consciência de classe: estudos sobre a dialética marxista* (Porto, Escorpião, 1974); *O pensamento de Lênin* (Lisboa, Dom Quixote, 1975) (trata-se do livro *Lênin: a coerência do seu pensamento*); *K. Marx e F. Engels como historiadores da literatura* (Porto, Afrontamento, 1979).

Textos significativos do filósofo estavam reunidos em umas poucas coletâneas: G. Lukács, *Ensaios sobre literatura* (trad. Giseh Vianna; Rio de Janeiro, Civilização Brasileira, 1965) e, pela mesma editora, em 1968, *Marxismo e teoria da literatura*, com tradução de Carlos Nelson Coutinho; as importantes entrevistas concedidas a H. H. Holz, W. Abendroth e L. Kofler vieram coligidas em *Conversando com Lukács* (trad. Giseh Vianna, Rio de Janeiro, Paz e Terra, 1969). Dois capítulos da *Ontologia do ser social* foram publicados autonomamente: *Os princípios ontológicos fundamentais de Marx* e *A falsa e a verdadeira ontologia de Hegel* (ambos traduzidos por Carlos Nelson Coutinho e lançados pela Lech, de São Paulo, em 1979). Antologias de natureza diversa, mas precedidas de introduções analíticas e contendo páginas decisivas, foram as organizadas por Leandro Konder, *Lukács* (Porto Alegre, L&PM, 1980, coleção Fontes do Pensamento Político) e por José Paulo Netto, coleção Grandes Cientistas Sociais (São Paulo, Ática, 1981). E uns poucos escritos lukacsianos já se encontravam em números diversos das revistas *Estudos Sociais* (Rio de Janeiro, desaparecida em 1964), *Civilização Brasileira* (Rio de Janeiro, desaparecida em 1969), *Temas de Ciências Humanas* e *Nova Escrita-Ensaio* (ambas de São Paulo, desaparecidas nos anos 1980). Quanto a títulos histórico-analíticos sobre Lukács, os mais qualificados eram raros – destaque-se o belo trabalho de Francisco Posada, *Lukács, Brecht e a situação atual do realismo socialista* (trad. A. Veiga Fialho, Rio de Janeiro, Civilização Brasileira, 1970) e o indescartável ensaio de M. Löwy, *Para uma sociologia dos intelectuais revolucionários: a evolução política de Lukács 1909-1929* (trad. Heloísa H. A. Mello e Agostinho F. Martins, São Paulo, Lech, 1979). Observe-se que vários desses títulos foram posteriormente reeditados.

De fato, a recepção do pensamento de Lukács no Brasil, especialmente a partir dos anos 1980, ganhou uma dimensão apreciável; o leitor interessado no processamento dessa recepção pode recorrer com proveito a dois textos de Celso Frederico: "Presença de Lukács na política cultural do PCB e na universidade", em João Quartim de Moraes (org.), *História do marxismo no Brasil*, v. 2 (Campinas,

Unicamp, 2007) e "A recepção de Lukács no Brasil", no *Blog da Boitempo*, 24 ago. 2010. Note-se que, nos anos subsequentes à publicação desses dois textos, o volume de trabalhos acadêmicos brasileiros que se referem expressamente a Lukács cresceu de forma muito significativa; o leitor ainda mais interessado pode recorrer aos registros contidos em <https://catalogodeteses.capes.gov.br/catalogo-teses/#/>.

Hoje, corridos quarenta anos desde a primeira publicação deste pequeno livro, a situação – felizmente! – é outra: contam-se às dezenas e dezenas os brasileiros e brasileiras que conhecem, qualificadamente e bem, a obra de Lukács; há muitíssimos núcleos de estudos lukacsianos em inúmeras universidades brasileiras; várias são as editoras que entregam a livrarias obras de Lukács e/ou textos referentes a ele (com destaque para a Boitempo, com sua Biblioteca Lukács); multiplicam-se os eventos (colóquios, seminários, simpósios, até cursos breves – inclusive por meio da mídia eletrônica) que têm por objeto o filósofo húngaro. Tudo isso facilita o trabalho de quem, como o autor deste livrinho, deve concluir sugerindo a seu eventual leitor uma pequena lista de indicações bibliográficas. Mais ainda: o autor pode se dar ao luxo de só sugerir – facilitando de algum modo a vida de quem o lê – textos em português.

Apenas no caso da história da Hungria, essencial para a devida contextualização de Lukács e sua obra, a bibliografia em português é sem dúvidas muito pobre – estão disponíveis poucos textos, como o de P. M. Judson, *História do Império Habsburgo* (Lisboa, Bookbuilders, 2019) e o calhamaço acadêmico e panorâmico de L. Kontler, *Uma história da Hungria* (trad. Leila V. B. Gouvêa, São Paulo, Edusp, 2021). Há que recorrer, pois, a livros noutros idiomas, como, por exemplo, I. T. Berend e G. Ránki, *Storia economica dell'Ungheria dal 1848 ad oggi* (Roma, Editori Riuniti, 1976); (J. K. Hoensch, *A History of Modern Hungary: 1867-1944* (Londres, Longman, 1996); M. Molnár, *A Concise History of Hungary* (Cambridge, Cambridge University Press, 2001) e J. Bérenger, *L'Empire Austro-Hongrois: 1815-1918* (Paris, Armand Colin, 2011). E o mesmo sucede no trato específico da rebelião húngara de 1956 – o material qualificado e credível à mão do leitor é quase nulo: o lúcido ensaio de J.-P. Sartre, *O fantasma de Stalin* (trad. Roland Corbisier, Rio de Janeiro, Paz e Terra, 1967) ainda é a exceção num deserto de textos em que viceja o livro, não por acaso acentuadamente anticomunista, de V. Sebestyen, *Doze dias: a revolução de 1956 – O levante húngaro contra os soviéticos* (trad. Saulo Adriano, Rio de Janeiro, Objetiva, 2008). Então, a recorrência a livros em outro idioma é mesmo necessária, ainda que estes não estejam isentos de preconceitos anticomunistas – por exemplo, M. Molnar, *Victoire d'une défaite: Budapest, 1956* (Lausanne, L'Âge d'Homme, 1996); G. Litván, *The Hungarian Revolution of 1956: Reform, Revolt and Repression* (Londres, Longman, 1996); C. Békés et al. (orgs.), *The 1956 Hungarian Revolution: History in Documents* (Budapeste, Central European University, 2002).

Isso posto, vejamos as indicações seguintes – sem esquecer as contribuições acima citadas de Francisco Posada e Michael Löwy – todas em português, listando textos muito diferenciados:

ALMEIDA, S. L. *O direito no jovem Lukács*: a filosofia do direito em *História e consciência de classe*. São Paulo, Alfa-Ômega, 2006.

ARAUJO, A. C. Braga et al. Gênese, evolução e contexto da trajetória dos estudos estéticos de Georg Lukács. In: COSTA, G.; ALCÂNTARA, N. (orgs.). *Anuário Lukács 2014*. São Paulo, Instituto Lukács, 2014.

BORDINI, M. G. (org.). *Lukács e a literatura*. Porto Alegre, EDIPUCRS, 2003.

CARLI, R. *A estética de György Lukács e o triunfo do realismo na literatura*. Rio de Janeiro, Ed. UFRJ, 2012.

_____ . György Lukács e o desprendimento da religião em face da magia. In: VEDDA, M. et al. (orgs.). *Anuário Lukács 2017*. São Paulo, Instituto Lukács, 2017.

COSTA, G. Macedo. *Indivíduo e sociedade*: sobre a teoria da personalidade em Georg Lukács. São Paulo, Instituto Lukács, 2017.

COUTINHO, C. N. *Lukács, Proust e Kafka*. Rio de Janeiro, Civilização Brasileira, 2005.

DUAYER, J. *Lukács e a arquitetura*. Niterói, Ed. UFF, 2008.

FREDERICO, C. *Lukács:* um clássico do século XX. São Paulo, Moderna, 1997.

_____. *Marx, Lukács*: a arte na perspectiva ontológica. Natal, Ed. UFRN, 2005.

GASPAR, R. *Breve nota sobre ontologia*: críticas e proposições de Lukács acerca das relações entre ontologia e ciências particulares. In: COSTA, G.; ALCÂNTARA, N. (orgs.). *Anuário Lukács 2014*. São Paulo, Instituto Lukács, 2014.

INFRANCA, A. *Trabalho, indivíduo, história*: o conceito de trabalho em Lukács. Trad. Christianne Basilio e Silvia de Bernardinis, São Paulo, Boitempo/Marília, Oficina Universitária Unesp, 2014.

KONDER, L. Rebeldia, desespero e revolução no jovem Lukács. *Temas de Ciências Humanas*. São Paulo, Lech, n. 2, 1977.

LARA, R. Notas sobre influências teóricas, marxismo e ontologia de György Lukács. In: VEDDA, M. et al. (orgs.). *Anuário Lukács 2015*. São Paulo, Instituto Lukács, 2015.

LESSA, S. *Mundo dos homens*: trabalho e ser social. São Paulo, Boitempo, 2002.

_____. *Para compreender a ontologia de Lukács*. Ijuí, Ed. Unijuí, 2007.

_____. Lukács, trabalho e classes sociais. In: COSTA, G.; ALCÂNTARA, N. (orgs.). *Anuário Lukács 2014*. São Paulo, Instituto Lukács, 2014.

MACHADO, C. E. J. *As formas e a vida*: estética e ética no jovem Lukács (1910-1918). São Paulo, Ed. Unesp, 2004.

MÉSZÁROS, I. *O conceito de dialética em Lukács*. Trad. Rogério Bettoni, São Paulo, Boitempo, 2013.

_____. *A revolta dos intelectuais na Hungria*. Trad. João Pedro Alves Bueno, São Paulo, Boitempo, 2018.

MIRANDA, F. F.; MONFARDINI, R. D. (orgs.). *Ontologia e estética*, v. 2. Rio de Janeiro, Consequência, 2015.

MOREIRA, L. A. Lemos. A particularidade estética em Lukács. In: VEDDA, M. et al. (orgs.). *Anuário Lukács 2017*. São Paulo, Instituto Lukács, 2017.

OLDRINI, G. *György Lukács e os problemas do marxismo do século XX*. Trad. Mariana Andrade, Maceió, Coletivo Veredas, 2017.

PINASSI, M. O.; LESSA, S. (orgs.). *Lukács e a atualidade do marxismo*. São Paulo, Boitempo, 2002.

SARTORI, V. B. Lukács e Heidegger: a ontologia do século XX diante de Hegel. In: VEDDA, M. et al. (orgs.). *Anuário Lukács 2016*. São Paulo, Instituto Lukács, 2016.

TERTULIAN, N. Georg Lukács. *Etapas de seu pensamento estético*. Trad. Renira Lisboa de Moura Lima. São Paulo, Ed. Unesp, 2008.

_____. *Lukács e seus contemporâneos*. Trad. Pedro Campos Araújo Corgozinho. São Paulo, Perspectiva, 2016.

_____. A destruição da razão: trinta anos depois. In: VEDDA, M. et al. (orgs.). *Anuário Lukács 2016*. São Paulo, Instituto Lukács, 2016.

VAISMAN, E. O jovem Lukács: trágico, utópico e romântico? Outras aproximações. In: VAISMAN, E.; VEDDA, M. (orgs.). *Arte, filoso-fia e sociedade*. São Paulo, Intermeios, 2014.

_____. O problema da individualidade no pensamento tardio de Lukács. In: VEDDA, M. et al. (orgs.). *Anuário Lukács 2015*. São Paulo, Instituto Lukács, 2015.

Obras de Lukács publicadas no Brasil

Quanto aos principais livros de Lukács referidos neste opúsculo, seguem-se as suas edições, em especial as mais recentes:

A alma e as formas. Trad. Rainer Patriota, Belo Horizonte, Autêntica, 2015.

A teoria do romance. Trad. José Marcos Mariani de Macedo, São Paulo, Ed. 34, 2000.

História e consciência de classe: estudos sobre a dialética marxista. Trad. Rodnei Nascimento, São Paulo, WMF Martins Fontes, 2018.

Reboquismo e dialética. Trad. Nelio Schneider, São Paulo, Boitempo, 2015.

Lênin: um estudo sobre a unidade de seu pensamento. Trad. Rubens Enderle, São Paulo, Boitempo, 2012.

O romance histórico. Trad. Rubens Enderle, São Paulo, Boitempo, 2011.

Goethe e seu tempo. Trad. de Nélio Schneider com a colaboração de Ronaldo Vielmi Fortes, São Paulo, Boitempo, 2021.

O jovem Hegel e os problemas da sociedade capitalista. Trad. Nelio Schneider, São Paulo, Boitempo, 2018.

Existencialismo ou marxismo? Trad. José Carlos Bruni, São Paulo, Lech, 1979.

Marx e Engels como historiadores da literatura. Trad. e notas de Nélio Schneider, São Paulo, Boitempo, 2016.

A destruição da razão. Trad. Bernard Herman Hess, Rubens Patriota, Ronaldo Vielmi Fortes, São Paulo, Instituto Lukács, 2020.

Introdução a uma estética marxista. Trad. Carlos Nelson Coutinho e Leandro Konder, São Paulo, Instituto Lukács, 2018.

Realismo crítico hoje. Trad. Hermínio Rodrigues, Brasília, Coordenada, 1969.

Conversando com Lukács. Trad. Giseh Vianna, São Paulo, Instituto Lukács, 2014.

Prolegômenos para uma ontologia do ser social. Trad. Rodnei Antônio do Nascimento e Lya Luft, São Paulo, Boitempo, 2010.

Para uma ontologia do ser social, v. 1 e 2. Trad. Nélio Schneider, Carlos Nelson Coutinho, Mario Duayer, São Paulo, Boitempo, 2012-2013.

Notas para uma ética/Versuche zu Einner Ethik. Trad. Sergio Lessa, São Paulo, Instituto Lukács, 2014.

Pensamento vivido: autobiografia em diálogo. Trad. Cristina Alberta Franco, São Paulo, Instituto Lukács, 2017.

Socialismo e democratização: escritos políticos. 1956-1971. Organização e tradução de Carlos Nelson Coutinho e José Paulo Netto, Rio de Janeiro, Ed. UFRJ, 2008.

Essenciais são os livros não escritos. Organização, tradução, notas e apresentação de Ronaldo Vielmi, São Paulo, Boitempo, 2020.

* * *

Quanto a alguns outros escritos de Lukács referidos neste pequeno livro, aliás muito distintos, listam-se aqui seus títulos e as fontes (várias identificadas na bibliografia já citada) em que podem ser consultados:

* "Da pobreza de espírito", em C. E. J. Machado, *As formas e a vida*, cit.

* "O bolchevismo como problema moral", em M. Löwy, *Para uma sociologia dos intelectuais revolucionários*, cit.

* "Tática e ética". Disponível em:
 https://www.marxists.org/portugues/lukacs/1919/mes/41.htm; acesso em: 10 jan. 2023.

* "O papel da moral na produção comunista". Disponível em:
 https://www.marxists.org/portugues/lukacs/1919/11/01.htm; acesso em: 10 jan. 2023.

Obras de Lukács publicadas no Brasil / 105

* "Teses de Blum" (extrato), em Chasin J. et al. *Temas de ciências humanas*, São Paulo, Lech, 1980, n. 7, p. 19-20.

* "Tendência ou partidariedade?". Disponível em:

https://www.marxists.org/portugues/lukacs/1932/mes/90.htm; acesso em: 10 jan. 2023.

* "Meu caminho para Marx", em *Socialismo e democratização*, cit.

* "Introdução aos escritos estéticos de Marx e Engels", em Leandro Konder (org.), *Ensaios sobre literatura*, Rio de Janeiro, Civilização Brasileira, 1965.

* "Narrar ou descrever?", em *Marxismo e teoria da literatura* (ver *supra*; reeditado pela Expressão Popular, São Paulo, em 2010).

* "Tribuno do povo ou burocrata?", em *Marxismo e teoria da literatura* (ver *supra*; reeditado pela Expressão Popular, São Paulo, em 2010).

* "Marx e o problema da decadência ideológica", em *Marxismo e teoria da literatura* (ver *supra*; reeditado pela Expressão Popular, São Paulo, em 2010).

* "Arte livre ou arte dirigida?", em *Marxismo e teoria da literatura* (ver *supra*; reeditado pela Expressão Popular, São Paulo, em 2010).

* "Carta sobre o stalinismo". *Temas*, São Paulo, Grijalbo, n. 1, 1977.

* "Concepção aristocrática e concepção democrática do mundo", em *O jovem Marx e outros escritos de filosofia*, Rio de Janeiro, Ed. UFRJ, 2007.

* "As tarefas da democracia na nova democracia", em *O jovem Marx e outros escritos de filosofia*, Rio de Janeiro, Ed. UFRJ, 2007.

* "Os novos problemas da pesquisa hegeliana", em *O jovem Marx e outros escritos de filosofia*, Rio de Janeiro, Ed. UFRJ, 2007.

* "O problema da coexistência cultural". *Libertas*, Juiz de Fora, UFJF, v. 19, n. 2, ago.-dez. 2019.

Algumas das obras de György Lukács.

Sobre o autor

José Paulo Netto (1947), professor emérito da Universidade Federal do Rio de Janeiro, com experiências docentes na América Latina e na Europa, é ensaísta publicado por revistas e jornais do Brasil e do exterior, e, como tradutor, respondeu pela versão para o português de textos de, entre outros, Marx, Engels, Lênin, Lukács, Karl Korsch e Leo Kofler. Estudioso da obra de Lukács, dedicou-lhe vários ensaios e organizou, na coleção Grandes Cientistas Sociais, dirigida por Florestan Fernandes, o volume correspondente ao filósofo húngaro (São Paulo, Ática, 1981). Atualmente, é um dos coordenadores da coleção Biblioteca Lukács, editada pela Boitempo.

Para a Livraria Editora Ciências Humanas, de São Paulo, escreveu, em 1981, *Capitalismo e reificação* (reeditado pelo Instituto Caio Prado Jr., São Paulo, 2015). Pela Brasiliense, de São Paulo, publicou *O que é stalinismo* (coleção Primeiros Passos, 1981), *O que é marxismo* (idem, 1985), ambos com várias reimpressões, e redigiu o texto final do álbum, elaborado com outros autores, *PCB: 1922/1982 – Memória fotográfica* (1982); na coleção Encanto radical, da mesma editora, saiu, em 1983, *Georg Lukács: o guerreiro sem repouso*. Para a Expressão Popular, de São Paulo, coeditou, em 2010, *K. Marx-F. Engels: cultura, arte e literatura – Textos escolhidos*. Para a Civilização

Brasileira, do Rio de Janeiro, organizou, em 2012, o volume *O leitor de Marx* (reeditado em 2022). Pela Cortez, de São Paulo, publicou, em 2014, a *Pequena história da ditadura brasileira: 1964-1985*. Uma de suas obras mais recentes é *Karl Marx: uma biografia* (São Paulo, Boitempo, 2020, com várias reimpressões); para essa editora, preparou, em 2021, o volume de Friedrich Engels *Esboço para uma crítica da economia política e outros textos de juventude* e organizou, em 2023, a antologia *História e consciência de classe, cem anos depois – O livro que mudou o pensamento crítico do século XX*.

СОЮЗ СОВЕТСКИХ ПИСАТЕЛЕЙ СССР

ЧЛЕНСКИЙ БИЛЕТ № 566

Тов. *Лукач Г. О.*

состоит членом союза советских писателей

Московской

организации.

Время вступл. в ССП *1/VI* 193*4* г

Председатель правления
ССП СССР

Секретарь правления

Cartão de Lukács como membro da União dos Escritores Soviéticos, presidida em 1934 por Máksim Górki.

O último Lukács no seu escritório de Budapeste, em 1971, ano de seu falecimento.

ARMAS DA CRÍTICA

O CLUBE DO LIVRO DA **BOITEMPO**

UMA BIBLIOTECA PARA **INTERPRETAR** E **TRANSFORMAR** O MUNDO

Lançamentos antecipados
Receba nossos lançamentos em primeira mão, em versão impressa e digital, sem pagar o frete!

Recebido camarada
Todo mês, uma caixa com um lançamento, um marcador e um brinde. Em duas caixas por ano, as novas edições da *Margem Esquerda*, **revista semestral da Boitempo.**

Fora da caixa
Além da caixa, a assinatura inclui uma versão digital do livro do mês*, um guia de leitura exclusivo no Blog da Boitempo, um vídeo antecipado na TV Boitempo e 30% de desconto na loja virtual da Boitempo.

Quando começo a receber?
As caixas são entregues na segunda quinzena de cada mês. Para receber a caixa do mês, é necessário assinar até o dia 15!

FAÇA SUA ASSINATURA EM
ARMASDACRITICA.COM.BR

*Para fazer o resgate do e-book, é necessário se cadastrar na loja virtual da Kobo.

Capa da primeira edição de
História e consciência de classe (1923).

Publicado em setembro de 2023, no centenário de lançamento da obra de György Lukács que ficou conhecida como *HCC*, este livro foi composto em Adobe Garamond Pro, corpo 12/14,4, e impresso em papel Avena 90 g/m² pela gráfica Rettec, para a Boitempo, com tiragem de 4 mil exemplares.